贫困地区低碳发展战略研究

贫困地区低碳发展研究课题组　编著

中国环境出版社·北京

U0828365

图书在版编目（CIP）数据

贫困地区低碳发展战略研究 / 贫困地区低碳发展研究课题组编著. -- 北京 : 中国环境出版社, 2015.2
ISBN 978-7-5111-2268-1

Ⅰ. ①贫… Ⅱ. ①贫… Ⅲ. ①不发达地区－区域经济发展－经济发展战略－研究－中国 Ⅳ. ①F127
中国版本图书馆 CIP 数据核字（2015）第 041105 号

出 版 人 王新程
责任编辑 丁莞歆
策划编辑 张秋辰
责任校对 尹 芳
装帧设计 岳 帅

出版发行 中国环境出版社
（100062 北京市东城区广渠门内大街16号）
网 址：http://www.cesp.com.cn
电子邮箱：bjgl@cesp.com.cn
联系电话：010-67112765（编辑管理部）
010-67175507（科技标准图书出版中心）
发行热线：010-67125803，010-67113405（传真）
印 刷 北京中科印刷有限公司
经 销 各地新华书店
版 次 2015年3月第1版
印 次 2015年3月第1次印刷
开 本 787×1092 1/16
印 张 12
字 数 190千字
定 价 68.00元

【版权所有。未经许可，请勿翻印、转载，违者必究】
如有缺页、破损、倒装等印装质量问题，请寄回本社更换

《贫困地区低碳发展战略研究》
课题组

特约顾问

杜丹德　林而达　苏　伟　陈武明

总体统筹

任铁民　田成川　张建宇

课题组成员（以姓氏笔画为序）

王　英　王海涛　孔　立　田　川　田成川　朱立志　任铁民　刘少锋
刘妍录　刘　强　孙　芳　李晓梅　杨竺松　张建宇　武春玲　林　茂
姚　薇　秦树文　唐　啸　曹　颖　韩　枫　韩　霜

章节执笔人

第一章　田成川　姚　薇　刘　强　曹　颖

第二章　唐　啸　杨竺松　刘　强　曹　颖　朱立志

第三章　唐　啸　杨竺松

第四章　朱立志　孔　立　韩　枫

第五章　刘　强　曹　颖　李晓梅　田　川

第六章　王　英　秦树文

序

气候变化是一个全球性重大问题，深刻影响到人类社会生存与发展，积极应对气候变化已经成为各国实现可持续发展的必然选择。IPCC 第五次评估报告结论显示，人类活动极有可能是导致 20 世纪中叶以来气候变暖的主要因素。为实现 21 世纪末气温比工业革命前上升低于 2℃的目标，我们必须从根本上改变高耗能、高排放的传统发展模式，全面推进绿色低碳循环发展，努力走出一条经济社会发展与应对气候变化共赢的可持续发展之路。

改革开放以来，中国政府始终将减贫作为国家的重要目标，并逐渐形成一条以经济发展为带动力量，以增强扶贫对象自我发展能力为根本途径，政府主导、社会帮扶与农民主体作用相结合的中国特色扶贫开发道路。经过三十多年的努力，扶贫开发取得了巨大成效，有效解决两亿多农村贫困人口的温饱问题，明显改善了贫困地区的生产生活条件。同时，作为一个发展中大国，中国人均国内生产总值刚超过 7 000 美元，区域发展不均衡，贫困人口仍超过 1 亿人，占全国总人口近十分之一，贫困人口主要集中在边远地区，大多属于生态脆弱地区或重点需要保护和恢复的生态功能区，极易受气候变化不利影响，这对扶贫工作带来诸多新挑战。如果不能正确处理开发与保护的关系，很可能尚未完全脱贫就遭遇环境污染、资源枯竭和生态破坏等问题。面对新的扶贫形势，我们要改变片面强调贫困地区传统的就地开发扶贫的模式，既立足实际帮扶贫困地区发展经济、尽早脱贫，又要站在全国总体发展战略的全局高度考虑贫困地区的发展，推动贫困地区按照绿色低碳循环发展理念和主体功能区定位制定因地制宜的脱贫政策，例如位于重点生态功能区的贫困地区要坚持“保护为主、适度发展”的原则，根据自身优势发展可再生能源及生态农林业、生态旅游等绿色低碳产业，利用生态补偿、易地扶贫搬迁等方式和特色产业来实现脱贫。引导贫困地区转变传统的粗放型发展方式，实现经济、社会、环境、生态协调发展，走资源节约型、环境友好型的可持续发展之路。李克强总理在2014年的十二届全国人大二次会议的《政府工作报告》中，响亮地提出了两个“宣战”，一个是“继续向贫困宣战”，另一个是“坚决向污染宣战”。绿色低碳循环发展是“坚决向污染宣战”的唯一选择，也是“继续向贫困宣战”的重要举措。促进贫困地区的绿色低碳循环发展既是改变中国贫困地区落后生产生活方式、提升发展质量的重大机遇，也是改善其自然社会环境、构建生态文明的必然选择，具有极其重要的战略意义。

本课题是国家发展和改革委员会应对气候变化司和全国扶贫培训宣传中心共同指导、美国环保协会支持开展的研究，旨在探索贫困地区绿色低碳循环发展思路，以促进贫困地区把握住低碳发展机遇，创造后发优势，实现经济发展与应对气候变化共赢。课题研究认为，贫困地区应在坚持因地制宜、源头推进、多方参与、公平发展和创新融合等原则的基础上，加强低碳发展战略引导，强化产业技术引导，从根本上提升贫困地区的自我“造血”能力。课题还总结了不同贫困地区的低碳发展模式，构建了贫困地区低碳发展的评价指标体系，并提出有针对性的政策建议。这一研究成果对推动贫困地区低碳发展具有积极借鉴意义，希望以此为推动中国贫困地区绿色低碳发展的起点，凝聚社会各界智慧和力量，探索出一条符合中国国情、有利于贫困地区可持续发展的路径，推动全社会实现绿色低碳转型，促进我国全面建成小康社会，加快生态文明建设进程！

解振华

2015年2月

前言

2011年底，中央扶贫开发工作会议的召开以及《中国农村扶贫开发纲要（2011—2020年）》的印发，标志着我国扶贫开发工作已经从“以解决温饱问题为主要任务”的初级阶段转入以“巩固温饱成果、加快脱贫致富、改善生态环境、提高发展能力、缩小发展差距为主要任务”的新阶段并提出将六盘山区、秦巴山区、武陵山区等14个连片特困地区作为新时期扶贫开发主战场。面对我国贫困地区扶贫工作面临的新形势，贫困地区需要摆脱传统的粗放式发展模式，改变其落后生产生活方式，改善其自然社会环境，走出一条创新跨越式的、可持续的、低碳发展道路。与此同时，当前全球性的气候变化问题已经成为国际合作和博弈的焦点，我国作为温室气体排放最大的发展中国家，一直备受国际社会关注。因此，国务院印发了《“十二五”节能减排综合性工作方案》和《“十二五”控制温室气体排放工作方案》两个重要文件，明确了“十二五”期间国家在节能减排和应对气候变化推动低碳发展方面所进行的工作，规定了全国各地区的节能减排目标。我国贫困地区生态环境高度脆弱，同时，由于经济基础薄弱，应对气候变化能力不够，气候变化问题已成为贫困地区发展的严重障碍。为避免走发达国家或经济发达地区高污染、高耗能、高排放的发展路径，我国贫困地区应借鉴国际社会应对气候变化、低碳发展的先进理念和实践经验，有益实践、开阔思路、寻找机遇。因此，如何将应对气候变化与解决贫困问题结合起来，将“低碳发展”与“扶贫工作”有机衔接，实施“低碳扶贫”，探讨符合贫困地区特点和现实条件的可持续发展模式和路径，开创一条低碳发展的道路，已成为当前我国在扶贫工作中亟待解决的新命题。

本书分为六章。第一章内容摘要，对本书的主要研究内容和成果进行高度概括。第二章贫困地区低碳发展概述，首先从我国扶贫事业的历史沿革、我国贫困地区的现状与分类介绍我国的扶贫现状，并对国内外贫困地区低碳发展实践及政策进行总结，进而阐明我国扶贫所面临的新趋势、贫困地区低碳发展面临的挑战和机遇，以及贫困地区低碳发展对我国生态文明建设、应对气候变化、实现节能减排目标、开拓可持续的扶贫资源和创新扶贫机制的重要意义。第三章贫困地区低碳发展的理论分析，从绿色经济与包容性增长、环境公共性与排放外部性，历史排放差异与公平发展权、边际减排承办差异与生态服务价值化、技术扩散与后发优势等方面阐明扶贫与低碳发展协调的相关理论，分析贫困地区脱贫路径与低碳发展目标的适配性，明确贫困、贫困地区、低碳发展及贫困地区低碳发展的定义，并进一步阐明脱贫与低碳发展协调推进的基本要求，从而归纳出贫困地区低碳发展的路径。第四章贫困地区低碳发展模式及评估指标体系，通过我国 11 个连片特困片区产业结构与资源禀赋的匹配度分析，从资源和产业等不同维度，归纳总结出不同贫困地区的低碳发展模式，探索构建贫困地区低碳发展评价指标体系。第五章贫困地区低碳发展的思路及对策，在前面章节研究的基础上，阐明贫困地区低碳发展的基本原则和总体思路，明确贫困地区低碳发展的重点任务，并从加强战略引导、健全管理体制、强化政策支持、创新经济激励、加强市场带动、完善产业引导和提升社会意识 7 个方面提出贫困地区低碳发展的具体对策和建议。第六章贫困地区低碳发展案例研究——以河北省蔚县为例，以河北省蔚县为例，详细分析蔚县由以前“一煤独大”的“三高”工业发展模式转变为可持续的低碳发展模式的经验和挑战，从地方政府角度提出开展贫困地区低碳发展所需要的政策、技术、资金等支持，进一步佐证贫困地区走低碳发展的路径能够更好地实现应对气候变化与扶贫开发相结合的目标，并提高人民生活水平、改善生态环境。

本书为国家发展和改革委员会应对气候变化司、全国扶贫培训宣传中心和美国环保协会“贫困地区低碳发展研究”课题研究成果的汇编，国家应对气候变化战略研究和国际合作中心、中国农业科学院农业经济与发展研究所和河北北方学院承担课题具体研究工作，尝试将扶贫开发与低碳发展相结合，无论在国际还是在国内均属于新课题。由于时间有限，相关资料和数据缺失，例如，缺少贫困地区低碳发展研究相关的能源、碳排放数据等问题，相关研究还有待进一步完善，不当之处在所难免，敬请读者不吝赐教。

目录

第一章　内容摘要

贫困，是指对人类基本能力和权利的剥夺[①]，其中所谓“剥夺”是指人们无法获得本应享有的获取、掌握和使用能力的途径、机会和选择权，从而导致无法维持基本健康生存的需求。贫困人口相对集中的地区即为贫困地区，贫困问题是国际社会共同关注的问题，是世界性的难题。反贫困作为全球性事业，已经构成了联合国千年发展目标的核心。在我国，反贫困，更是实现共同富裕这一社会主义制度本质要求的重大任务。

新中国成立以来，尤其是改革开放后，我国政府始终将减贫作为国家重要目标，通过各种方式推进反贫困，促发展的伟大事业，扶贫工作也逐步从自发的增长式益贫转向专门的瞄准式扶贫，由输血式的救济性扶贫转向造血式的开发性扶贫，由被动式扶贫转向参与式扶贫，逐渐形成一条以经济发展为带动力量，以增强扶贫对象自我发展能力为根本途径，政府主导、社会帮扶与农民主体作用相结合的中国特色扶贫开发道路。经过三十多年的努力，我国扶贫工作稳步推进，取得明显成效。全国两亿多农村贫困人口的温饱问题得到有效解决，贫困地区的收入水平稳步提高，基础设施明显改善，社会事业不断进步，最低生活保障制度全面建立。

尽管如此，在当前经济社会发展的新形势下，我国扶贫开发工作仍面临着严峻挑战。第一，我国贫困问题依然严重，如按人均纯收入 2 300 元人民币 / 年的贫困标准计算，2013 年我国仍有 8 249 万的贫困人口，占农村总人口的 13.10%，占全国总人口 6.06%[②]，扶贫任务仍十分艰巨。第二，随着扶贫工作的不断推进，绝对贫困人口越来越向少数民族地区、边境地区和一些交通闭塞

① 阿玛蒂亚·森：Sen Amartya K. A Sociological Approach to the Measurement of Poverty: A Reply to Professor Peter Townsend [J]. Oxford Economic Papers, 1985, 37 (4) : 669－676。此外，世界银行 2001 年发布的《世界发展报告》指出：贫困是“对福祉的显著剥夺”.

② 《2013 年国民经济和社会发展统计公报》。

的山地、草原、沙漠等生存环境极其恶劣的地区集中，这些地区教育覆盖面低，基础设施和医疗卫生设施差，扶贫工作难度不断增加。六盘山区、秦巴山区等11个集中连片特困区主要就是生存环境恶劣的集中地区，共涉及19个省（区、市）的505个县，区域面积143.3万km^2，区域人口2.28亿人，其中农村人口1.96亿，贫困发生率为28.4%，比全国平均水平高出15.7个百分点，覆盖了全国70%以上的贫困人口①。第三，贫困地区自然环境条件和资源能源禀赋先天不足，不仅人才、资金、技术等能力不足，能源、水利、交通等基础设施建设都远落后于其他地区，同时，这些地区还肩负着经济社会与自然环境可持续发展的双重任务，未来如何进一步巩固扶贫成果和发展地区经济，并切实保护好本地的生态环境，成为这些地区面临的比发达地区更大的压力和挑战。第四，贫困地区都处于工业化初期，为了解决能源贫困问题、提高生活水平，使得这些地区对化石能源的需求增大且增速快，未来如何改变这种高碳化的能源格局变得十分关键。第五，贫困地区经济还处在发展的起步阶段，在脱贫过程中往往将经济发展作为第一诉求，可能会过度承接发达地区高耗能、高排放、低质量的产业转移，却忽视长期脱贫能力的建设，这给贫困地区的长期持续发展埋下了隐患，使贫困地区面临着重新返贫的风险。第六，我国致贫原因较过去进一步复杂化、多元化，贫困地区的贫困不仅体现在社会成员个体基本能力的匮乏上，同时也呈现在地区总体性特征上，即面临经济贫困、社会贫困及生态贫困等多重贫困，扶贫工作需要从多方面综合考虑、协调推动。

面临新形势，贫困地区要推动经济、社会、生态的综合协调发展，就必须摆脱传统的粗放式发展模式，走出一条创新跨越式的发展道路。“贫困地区低碳发展”就是一种将应对气候变化和扶贫两大战略进行有机结合，在发展低碳经济的过程中实现扶贫，同时在扶贫过程中推动转变经济增长方式和发展低碳经济，最终实现贫困地区可持续发展的一种新型扶贫模式和发展战略路径。可以说，贫困地区的低碳发展既是改变其落后生产生活方式、提升发展质量的重大机遇，也是改善其自然社会环境、构建生态文明的必然选择，具有重要的战略意义。

① 游俊，冷志明，丁建军主编.《连片特困区蓝皮书：中国连片特困区发展报告（2013）》.社会科学文献出版社，2013年3月版.

第一，贫困地区低碳发展有利于拓展可持续的扶贫资源。低碳发展不但强调发展的数量，更强调发展的质量，通过低碳发展，有助于以低碳理念丰富贫困地区人群的生存理念认知，营造持续发展的社会动力；有助于以低碳产业为主体带动贫困地区产业结构“跨越式升级”，构建新型产业发展模式，避免重蹈黑色产业为主导的高碳发展路径的覆辙；有助于强化贫困地区的生态基础设施建设，提升贫困地区尤其是生态结构脆弱贫困区的低碳发展能力；有助于拓宽贫困地区融资渠道，增强农村贫困人口的自身脱贫致富和自我发展能力。

第二，贫困地区低碳发展有利于创新扶贫机制。低碳发展不仅能为低碳产业提供更大的发展空间，为低碳技术提供更广阔的应用市场，还有助于改善贫困地区生态环境。以“低碳发展”的标准衡量贫困地区的经济、社会、生态情况，为贫困人口增强自身发展能力提供制度支持，推动贫困地区在满足基本生存需求的基础上，获得社会平均水平的支付能力，实现从“生存型脱贫”向“发展型脱贫”的转变，是对现有扶贫开发机制的创新和优化。

第三，贫困地区低碳发展对我国建设生态文明至关重要。对我国来说，贫困地区低碳发展是我国打造经济“升级版”系统工程、建设生态文明的重要组成部分，中国要在顺利实现现代化的同时建设资源节约型、环境友好型社会，就必须构建兼顾相对发达地区更好发展和相对不发达地区更好更快发展的大格局，这样才能为全社会范围的持续、健康和有序发展夯实基础，推动国家整体竞争力显著提升，逐步推动建成美丽中国。

第四，贫困地区低碳发展有利于应对气候变化总体目标的实现。贫困地区既面临着快速城镇化和工业化的必然趋势，又面临着极为脆弱的生态环境和资源状况，往往是我国应对气候变化最具挑战的地区之一，其低碳发展工作成效的好坏，也将在很大程度上影响全国低碳发展目标的实现。因此，贫困地区发展的不同推进模式，不仅决定着这些地区本身的发展绩效，还将对其他地区乃至全国的应对气候变化总体目标的实现产生重大影响。

贫困地区的低碳发展本质上仍然是一种发展模式的变化，而不是对发展本身的否定。因此贫困地区的低碳发展，不是限制发展，也不是降低贫困地区的扶贫力度，更不是降低贫困地区的生活水平，而是以控制碳排放为导向，通过改进贫困地区的发展方式，为贫困地区寻找出一条符合自身特色的、跨越式的科学发展道路。

近年来，国内外在积极探索贫困地区低碳发展的实践方面也开展了一些工作，但尚未形成一套成熟完善的贫困地区低碳发展的路径和政策体系。本研究认为，针对贫困地区低碳发展起步晚、基础差的现状和特殊发展需求，在考虑国家整体碳排放控制目标的背景下，贫困地区低碳发展应遵循以下原则。一是因地制宜。应充分考虑不同贫困地区在资源分布和资源禀赋上的差异，宜林则林、宜农则农，制定科学合理的低碳发展路径与战略，逐步建立符合区域特征的低碳发展新格局。二是源头推进。应针对贫困地区工业化和城市化进程的客观需要，确立“源头减排”和“源头管理”的战略目标，发展有比较优势、市场稳定特色、低碳、附加值高的新兴产业。三是多方参与。应建立“政府主导、市场引导、社会帮扶、农民主体”的多方参与模式。要充分发挥政府的主动调节作用，着力提升市场对资源配置的基础调节作用，不断完善社会帮扶体系建设，以农民为主体提升贫困地区开展低碳建设的总体能力。四是公平发展。贫困地区的低碳发展是一种较低经济发展水平上的低碳发展，应将贫困地区的低碳发展与发达地区的低碳发展以及不同类型的贫困地区低碳发展区别开来，在充分考虑不同地区各自历史情况、区位条件、发展水平和发展阶段，在维护其应有发展权利的基础上，统筹兼顾，最大限度地促进各贫困地区的综合协调发展。五是创新融合。贫困地区的低碳发展应在扶贫制度、政策和机制设计方面加强创新，力争将扶贫政策、应对气候变化政策和低碳发展政策相互融合，确保贫困地区在经济、社会发展水平全面提高、全面脱贫的同时，能够更好地应对气候变化，实现低碳发展。

基于上述原则，贫困地区低碳发展要充分结合应对气候变化和扶贫开发两大战略，寓低碳发展于扶贫开发之中，探索与发达地区“共同但有区别”的低碳发展模式与道路，实现经济增长和碳排放的逐步脱钩。

一是走可持续的低碳发展道路。贫困地区现有产业相对孱弱，需要寻找新的经济增长点和产业经营方式，进一步做强区域经济。与此同时，相对于发达地区在发展起步阶段曾经普遍出现过的高能耗、高排放、高污染的黑色发展方式而言，后发的贫困地区要走出一条低能耗、低排放、低污染的绿色低碳发展“新路”，避免未来从高碳发展转向低碳发展的高昂转型成本。贫困地区要改变 GDP 至上、单纯经济效益至上的旧有思路，处理好脱贫、产业升级与低碳转型的关系，从脱贫的起步阶段开始就将产业的社会效益和环境效益纳入考察范畴，选择经济、社会和低碳三方面效益相统一的发展道路，以低碳经济资源的投放引导贫困地区经济产业的跨越式发展，构建同自身的资源禀赋、区位优势相适应的低碳生产体系，形成低碳生活和低碳消费的社会风尚。

二是发展以低碳生态农业、碳汇产业为核心的第一产业。一方面，要立足农业是贫困地区发展的基础产业，将发展低碳生态农业作为未来扶贫工作的主导方向，将贫困地区独特的地理资源和气候资源转化为改善人民生活和支撑贫困地区发展的物质财富。各区域应根据自身资源禀赋，做大做强绿色农业、有机农业、生态农牧业，促进农业生产链条式的发展。要对现有农业生产方式进行“低碳化”技术改进，发展以土地为中心的低碳耕作，大力推广测土配方施肥技术的应用，积极推动循环农业，提升农业生产和能源利用效率。发展深加工、精加工作业的农副产品加工产业，通过提供绿色食品、有机食品，满足高端市场需求，提高农产品附加值，形成生态服务溢价。另一方面，要充分利用贫困地区丰富的森林资源，发展林业碳汇和林下经济。要开展碳汇造林试点，加强林业经营及可持续管理，以植树造林和种草提升森林和草原碳汇，并通过合理的市场和经济手段转化为经济收益。要充分利用林下资源，因地制宜发展林果、林草、林花、林菌和林药等林下种植业，以及林禽、林畜等林下养殖业。

三是发展以特色优势低碳产业为主导的第二产业。贫困地区工业发展应以升级改造和发展战略型新兴产业为导向，在淘汰固有旧模式、产业升级为主导方向的基础上，推动低碳工业的发展。要充分利用贫困地区的资源优势大力发展低碳产业，积极培育新材料、环保设备、生物医药等新兴产业，支持凸显当地特色的优势产业发展，有序发展循环低碳型第二产业。要改造升级已有高碳工业，用高新技术和适用技术提升传统产业，推动初级产品深加工，延伸产业链条。因地制宜地推广应用沼气等生物质资源转化、户用太阳能、小型风能、小型水能等低碳能源技术，推广光伏发电系统及光伏水泵、太阳能路灯等光伏产品应用，在为远离电网的贫困地区提供能量的同时，也推进贫困地区产业发展水平得到显著提升。

四是发展以低碳生态旅游业为龙头的第三产业。发挥贫困地区特色旅游、生态旅游和人文旅游资源富集优势，用旅游业为贫困地区的发展打开缺口，以其为龙头带动物流、金融、商贸、信息等各类现代低碳服务业的发展。要在现有生态旅游产业基础上，高起点打造低碳生态旅游区和生态旅游品牌，加快具有高附加值的生态旅游产品的开发设计，扶持建立生态旅游消费品供给和行业服务体系，推动扶贫开发地区旅游产业升级。要以市场为导向，大力发展以低碳、绿色为特征的现代服务业，发展以健康养身为主题的生态保健业，大力培育现代流通方式和新兴流通业态，塑造新型现代服务业体系，以此为纽带拉动贫困地区的经济社会发展。

五是强化低碳发展所需的基础设施建设。健全、优质、高效的基础设施是贫困地区摆脱贫困的基础条件，也是实现低碳发展的前提条件。针对贫困地区普遍存在的基础设施落后的现状，要全面加强水利、交通、电力、通讯等基础设施的建设，并同时强化在设备选取、工程建设、设施运营等过程中的低碳化管理。要积极建设融市场主体性和公共服务性为一体的信息服务平台，利用信息化工具和平台有效推动贫困地区优质资源的开发和交易，促进产业低碳发展和农民增收。要在贫困地区积极推广使用节能建筑，加强生活能源利用设施的低碳化改造，加强垃圾分类和集中化处理设施建设。

六是打造分区分类的低碳发展模式。我国 11 个连片特困地区地域跨度大，经济社会发展状况和生态环境条件都存在巨大的差异，但在片区内贫困县区相邻集中分布，经济社会和自然条件较为类似。因此，要在综合分析片区内部的产业结构、农民收入和环境承载能力的基础上，按照贫困地区的片区分布，因地制宜、因情定策，构建分区分类的、片区合作的低碳发展模式。①位于重点生态功能区的贫困地区，应坚持“保护为主、适度发展”的原则，近期主要依据自身的资源优势，重点发展生物质能、太阳能发电等可再生能源利用，碳汇等资源优势产业以及生态农业、生态林业、生态旅游等低碳产业。②位于山区资源相对富集区的贫困地区，要坚持“资源集约利用、深度开发”的原则，既要利用其资源优势，又要转变资源过度开发、低层次开发的高碳发展格局，将资源优势真正转化成产业竞争优势，通过培育特色优势产业，提升可持续发展的竞争力。③位于资源贫乏区的贫困地区，要坚持“充分挖掘各种资源”的原则，重点开发传统技艺，包括特色农产品精深加工业、特色旅游等低碳产业的发展，近期以改善这些地区居民的收入水平为主，逐步提高低碳发展层次。④位于平原优势区的贫困地区，要坚持“较高质量脱贫”的原则，在发展具有本地特色低碳优势产业的同时，根据自身基础合理承接发达地区的产业转移，但同时要设置产业准入门槛，防止高碳产业在此地区的无序发展。对已有的高碳产业，要通过大力引进低碳发展技术实施低碳化改造，争取在尽可能短的时间内实现产业的低碳化升级，逐步推动这一区域成为全国贫困地区中的低碳发展先行区和脱贫致富先行区。

应当认识到，低碳发展是一个相对的概念，并没有绝对的标准。在我国，不同的地区处于不同的发展阶段，需求有所不同，低碳发展的要求也不尽相同。对贫困地区来讲，好的环境固然重要，但满足生活所需是更为迫切的需求，如果经济增长不能保持在一定的水平，一些内部问题就难以解决。因此，应将贫困地区的低碳发展与发达地区的低碳发展区别开来，贫困地区的低碳发展是一种较低经济发展水平上的低碳发展，需要立足本地特征，合理有效地利用本地资源和优势能源，特别是可再生能源，优化产业结构调整，把握低碳经济的发展机遇创造发展优势，实现跨越式发展。

综观我国现有的扶贫政策和低碳发展政策，虽然扶贫政策对贫困地区提高应对气候变化能力起到一定积极的作用，低碳发展政策对贫困地区脱贫也提供了优化选择，但上述两类政策体系尚未实现很好的衔接与融合，扶贫政策对低碳发展的考虑不够，低碳发展政策对贫困地区的特殊性考虑不足。贫困地区低碳发展迫切需要更强有力的政策保障与支持，应加快构建自上而下全方位的贫困地区低碳发展政策体系。

（1）加强对贫困地区低碳发展的战略引导

一是切实改变低碳发展政策对贫困地区关注度不够的问题，在国家低碳发展战略和规划的制定中充分考虑贫困地区的特殊性，为贫困地区低碳发展创造有利条件。二是加强对贫困地区扶贫政策的低碳引导，改变地方扶贫政策“一刀切”的现象，根据当地实际，把低碳发展的要求尽快纳入贫困地区经济社会发展总体规划及资源型地区转型规划。三是根据我国贫困地区的具体情况，制定贫困地区低碳发展指导意见，在此基础上制定分片区的贫困地区低碳发展规划，并根据山区、半山区、平原地区的贫困特点，制定适合于不同地区的低碳发展模式和评价体系。

（2）健全贫困地区低碳发展的管理体制

一是针对贫困地区低碳发展点多面广的特点，尽快构建扶贫工作与低碳发展相结合的联动机制，建议由国家发展和改革委员会作为综合协调机构，国务院扶贫办作为主要的执行机构，同时联合其他各部委的力量，建立贫困地区低碳发展的协调工作小组，提高政府在贫困地区低碳发展方面管理效率和政策效果。二是发挥各级政府在推动贫困地区低碳发展中的重要作用，省市政府作为贫困地区扶贫开发工作的引导者和指挥者，负责对接国家相关规划，抓好规划的编制和实施，合理调度资源，引导贫困地区低碳发展工作的有序开展；县级政府立足于县域内的基本情况，大力整合多方资源，重点突出的开展扶贫工作，形成以“低碳化”为导向的县域发展模式。

（3）完善贫困地区的扶贫考核和监管机制

一是着眼贫困地区经济长远发展的能力，改变以投入、资金力度来评估贫困地区脱贫成效的被动式扶贫考核机制，建立重视扶贫长期成效的考评机制，并由国家相关部门制定具体考核办法，以低碳产业引进与发展情况等环境效益评估作为扶贫工作考核的重要内容和加分项，增加贫困地区低碳发展的正向激励，提高贫困地区推进低碳发展的积极性和主动性。二是贫困地区所在地的省级政府要依法加强对高耗能、高排放及产能过剩行业和企业的监管，逐步提高单位产品能源资源利用率。

（4）加强对贫困地区产业和技术引导

在东西部区域经济合作发生产业转移和结构调整的过程中，贫困地区既要充分利用这一产业和技术转移的良好契机，又要严禁“饥不择食”地盲目引进、低水平重复引进。建议研究制定《贫困地区低碳产业指导目录》和《贫困地区低碳发展技术指导目录》，对于不符合目录要求的高耗能、高排放、高污染企业，政府要通过市场准入、政府限价以及标准限制等手段予以限制；对于符合目录要求的企业，政府要通过财政补贴、税费减免、生态补偿等经济激励政策予以支持。

（5）提升贫困地区“造血”能力

推动国家低碳资源优先投向贫困地区，逐步实现为贫困地区低碳发展提供更多资金支持的同时，推动将外部帮扶转化为贫困地区自我积累和自我发展的能力，使贫困地区实现脱贫和低碳发展的双赢。中央政府和贫困地区上级政府应为贫困地区赋予经济“造血”功能，同时，鼓励和支持贫困地区发展能够带动区域经济增长的特色优势低碳产业。如果贫困地区具有重要的生态功能，不适宜或无法进行大规模经济发展及环境改造，中央政府或贫困地区上级政府应发挥“输血”功能，对该地区进行“生态补偿”，以国家财政补贴形式支付地区限制发展的机会成本和“生态贡献”，以国家转移支付的方式为当地人口提供合理的收入。

（6）创新贫困地区低碳发展的资金配置手段

针对贫困地区低碳发展资金短缺的现状，要积极拓宽融资渠道，创新融资模式。一是探索建立贫困地区低碳发展基金，以政府投资作为贫困地区低碳发展基金的主要来源，同时鼓励大型企业资助成立“低碳扶贫”基金。二是积极开发政府、企业、民间投资多方参与的“多边低碳扶贫模式”，构建“先进企业认领低碳扶贫村”的低碳扶贫合作新模式，政府还应帮助贫困地区积极申请国际“世界银行生物碳基金”、“森林碳伙伴关系基金”等多边碳基金的援助项目。

（7）加大贫困地区碳资产市场化的推进力度

贫困地区的低碳发展要充分利用碳市场机制，为贫困地区低碳发展注入活力。一是将碳排放交易手段作为扶贫开发的重要措施之一，建议在碳交易试点省市的实施方案中规定来自贫困地区的排放抵消额度比例，并在广泛吸取我国其他地区碳交易市场运作经验的基础上，研究制定与连片特困地区相关联的碳排放交易办法和与之配套的补偿机制。二是鼓励发达地区主动在贫困地区实施碳减排项目，条件成熟时选取 100 个东部发达村与西部 100 个贫困村开展对口低碳帮扶试点。三是为贫困地区低碳资产上市经营提供绿色通道，尽快建立以省级政府牵头的低碳企业上市工作“绿色通道”制度，在处理上市后备企业各类问题时，在不违反国家政策法律的前提下，从贫困地区低碳经济发展的长远利益考虑，在政策上给予足够的支持。

（8）推动贫困地区低碳发展的广泛参与

一是加强对贫困地区劳动者的培训教育，提高劳动者的经济创新活力和低碳技术应用水平，降低社会生产组织成本，有力促进低碳经济增长。二是加大对贫困地区政府部门、企业和相关机构的低碳知识宣传和专业培训，提升他们对低碳发展的理解和认识水平，增强低碳发展管理能力，提高践行低碳的积极性。三是加强对贫困地区居民的低碳意识宣传和培训，尤其要注重挖掘贫困地区传统文化中的“保护环境、人与自然和谐相处”的朴素生态观念，调动当地居民低碳发展的积极性，真正将低碳发展的理念渗透到贫困地区的每一个人。

第二章　贫困地区低碳发展概述

2.1　我国扶贫现状

2.1.1　我国扶贫事业历史沿革

反贫困作为全球性事业，构成了联合国千年发展目标的核心。在中国，反贫困，更是实现共同富裕这一社会主义制度本质要求的重大任务。新中国成立以来，尤其是改革开放后，我国始终将减贫作为国家重要目标，通过各种方式推进反贫困、促发展的伟大事业。不同时期，针对不同发展形势和发展目标，确立了不同战略，逐渐由自发的增长式益贫转向专门的瞄准式扶贫、由输血式的救济性扶贫转向造血式的开发性扶贫、由被动式扶贫转向参与式扶贫等，走出了一条以经济发展为带动力量、以增强扶贫对象自我发展能力为根本途径，政府主导、社会帮扶与农民主体作用相结合，普惠性政策与特惠性政策相配套，扶贫开发与社会保障相衔接的中国特色扶贫开发道路。自改革开放以来，我国扶贫历史大体上可以分为两个阶段：

1. 第一阶段是"以解决温饱问题为主要任务阶段"

这一阶段为1978—2010年，它包括农村体制改革推动扶贫、开发式扶贫、八七扶贫攻坚和第一个十年扶贫纲要实施四个时期。经过改革开放30多年以来的不懈努力，我国扶贫开发第一阶段任务已经完成，中央扶贫开发工作会议和《中国农村扶贫开发纲要（2011—2020年）》郑重宣布：我国"农村居民生存和温饱问题基本解决"。具体而言，这一阶段可以分为四个小时期。第一个时期是传统救济性扶贫阶段（1978—1985年）。中国政府延续了新中国成立以来的救济性扶贫方式，主要针对广大农村地区存在的绝对贫困人口，通过物资和资金的直接救济，维系扶贫对象的最低生活水平。这一阶段，改革开放的制度红利极大地推动了中国减贫事业的发展，经济快速发展促进了贫困人口的大量减少。同时这一时期的扶贫成就显著，基本解决了全国性普遍贫困问题。全国农村没有解决温饱的贫困人口从2.5亿减少到1.25亿，平均每年减少1 768万人，贫困发生率从30.7%降至14.8%[①]。第二个时期是区域性扶贫开发时期（1986—1993年）。中国政府创新性地发展了区域扶贫和开发扶贫理念，通过区域经济开发的方式，重点解决贫困地区扶贫对象的温饱问题。中国扶贫进展迅速，贫困人口进一步下降，为下一步攻坚阶段积累了良好经验，到1993年底，全国农村未解决温饱的贫困人口由1.25亿减至8 000万，平均每年减少640万人，贫困发生率由14.8%降至8.7%[②]。第三个时期是扶贫专项计划攻坚阶段（1994—2000年）。中国政府首次制定了扶贫专项计划，区域扶贫开发进一步深化，开始针对重点贫困地区进行攻坚，重点解决全国农村8 000万贫困人口温饱问题。中国扶贫工作成果显著，截止到2000年底，我国农村贫困现象明显缓解，全国农村没有解决温饱的贫困人口由8 000万下降到3 000万，贫困发生率下降到3%左右[③]；除了少数社会保障对象和生活在自然环境恶劣地区的特困人口，以及部分残疾人以外，全国农村贫困人口的温饱问题已经基本解决。第四个时期是全面建设小康社会的综合扶贫阶段（2000—2010年）。中国的扶贫工作与全面建设小康社会紧密相连，扶贫工作从经济开发向综合开发方向进一步转变，优先解决少数贫困人口温饱问题，进一步改善贫困地区的基本生产生活条件，巩固温饱成果。总的来看，这一阶段中国扶贫事业取得巨大成就。农村贫困人口大幅减少，从2000年底的9 422[④]万人减少到2010年底的2 688万人；农村贫困人口占农村人口的比重从2000年的10.2%下降到2010年的2.8%。收入水平稳步提高，贫困地区基础设施明显改善，社会事业不断进步，最低生活保障制度全面建立，农村居民生存和温饱问题基本解决，探索出一条中国特色扶贫开发道路，为促进我国经济发展、政治稳定、民族团结、边疆巩固、社会和谐发挥

① 数据来源：《中国农村扶贫开发概要》，载中央政府门户网站，http://www.gov.cn/zwhd/ft2/20061117/content_447141.htm.

② 数据来源：《中国农村扶贫开发概要》，载中央政府门户网站。

③ http://www.gov.cn/zwhd/ft2/20061117/content_447141.htm。

④ 全国农村扶贫标准提高，从2000年的865元人民币逐步提高到2010年的1 274元人民币，上述贫困人口的计算乃是以此标准衡量的农村贫困人口数量。

了重要作用，为推动全球减贫事业发展作出了重大贡献。

2. 第二阶段是以“巩固温饱成果、加快脱贫致富、改善生态环境、提高发展能力、缩小发展差距为主要任务”的新阶段

当前，我国扶贫工作出现了新的变化。一方面，扶贫工作目标和工作对象情况有变。在全面建设小康社会的总体目标下，扶贫开发从以解决温饱为主要任务的阶段转入巩固温饱成果、加快脱贫致富、改善生态环境、提高发展能力、缩小发展差距的新阶段。随着贫困面和贫困深度大幅缩小，贫困人口呈现大分散、小集中态势，形成了一些集中连片的特殊困难地区，规模不小、致贫原因复杂，其贫困问题往往与生态问题、民族问题、老区问题以及边境问题等交织。继续沿用常规的扶贫手段难以奏效，需要适应新的形势和任务，与时俱进地创新工作思路和方式。为此，2010 年末，国家“十二五”规划纲要明确提出“加快解决集中连片特殊困难地区的贫困问题”的要求，时任总理温家宝在 2011 年政府工作报告中提出“启动集中连片特殊困难地区扶贫攻坚工程”。为具体推进这一战略规划，2011 年 11 月，中共中央、国务院印发了指导今后十年扶贫开发工作的新纲领性文件——《中国农村扶贫开发纲要（2011—2020 年）》（以下简称《扶贫开发纲要》），2011 年 11 月 29—30 日召开的中央扶贫开发工作会议，明确提出：把连片特困地区作为今后十年扶贫开发的主战场，按照区域发展带动扶贫开发、扶贫开发促进区域发展的基本思路，加大投入力度，整合各类资源，加强对跨省片区规划的指导和协调，集中力量，分批实施，推进跨省协调的连片式扶贫开发，帮助这些片区从根本上改变贫困面貌，在 2020 年与全国其他地区一道全面进入小康社会。为此，我国扶贫开发进入了以《中国农村扶贫开发纲要（2011—2020 年）》为重要标志的新阶段。

2.1.2　我国贫困地区现状及分类

1. 我国贫困地区的现状

截至 2013 年底，我国贫困人口仍有 8 249 万，其中贫困发生率超过 20% 的有西藏、甘肃、贵州、新疆、云南和青海 6 个少数民族比例较高的省（自治区）。扶贫重点县 4 602 元的农民人均纯收入仅为全国平均水平的 58%；扶贫重点县农民医疗支出仅为全国农村平均水平的六成，不少农民有病不能及时就医；扶贫重点县劳动力文盲、半文盲比例比全国高 3.6 个百分点，仍有 8.3% 的农户居住在竹草土坯房。全国还有 3 917 个村不通电，影响近 380 万人日常生活；连片特困地区还有 3 862 万农村居民和 601 万学校师生没有解决饮水安全问题；全国仍有近 10 万个行政村不通水泥沥青路，在有的边远山区，孩子每天上学要走 2 ～ 3h，辍学现象时有发生。

进入新世纪以来，贫困人口分布出现了集中化与分散化两种趋势：一方面是绝对贫困人口越来越向少数民族地区、边境地区和一些生存环境极其恶劣地区集中，这些地区教育覆盖面低，基础设施和医疗卫生设施差，其中以西部地区和山区贫困人口为甚①，连片特困地区是集中化的典型。六盘山区等 11 个集中连片特困区共涉及 19 个省（区、市）的 505 个县，区域面积 143.3 万 km^2，区域人口 2.28 亿，其中乡村人口 1.96 亿，贫困发生率为 28.4%，比全国平均水平高出 15.7 个百分点，覆盖了全国 70% 以上的贫困人口②。另一方面是部分非国家重点扶持地区贫困人口占全国贫困人口的相对比例有所提高，导致国家扶持资源对贫困人口的政策覆盖面有所下降。现存贫困地区大多生态环境脆弱、生存条件艰苦，脱贫难度很大。随着工业化、城镇化的快速推进，村庄空心化、农村老龄化趋势加重。青壮年劳动力外流的现状，挑战着贫困识别、整村推进、产业扶贫等传统扶贫开发方式，发展中的新贫困问题日益凸显。

贫困人口的变化也带来了贫困原因的整体趋势性变化，我国贫困问题的原因以前主要是区域经济发展不足、地理位置僻远、自然条件恶劣、人力资源不足等结构性因素，现在则是贫困人口生计不稳定、脆弱性强等个体性因素更为突出。新增致贫、返贫因素与传统因素交织，贫困人口的生计特征也从缺衣少食转变为高度脆弱，贫困人口内部的结构化、多元化、立体化特征日趋明显。

2. 我国贫困地区的分类

对于特定的贫困片区而言，其致贫因素往往不是单一的，而是诸多因素的集中反映。贫困现象作为一种经济社会现象的表现形式，由其背后的多重因素所导致，这其中地理环境和资源禀赋尤为突出。地理环境导致贫困是人文环境

① 根据地区司扶贫处提供的资料，截至 2005 年末，西部地区贫困人口占农村贫困人口的 60.1%，山区贫困人口占贫困人口总数的 51.9%。

② 游俊，冷志明，丁建军主编.《连片特困区蓝皮书：中国连片特困区发展报告（2013）》，社会科学文献出版社，2013 年 3 月版.

失衡在自然环境中的反映，它通过缺少生活必需品、生产力落后、自然资本折旧和人文环境失败四个递进层次，联系体制、环境和贫困之间的相关作用，深刻地诠释了贫困的成因[①]。然而资源禀赋能够更为直接反映贫困地区的发展瓶颈和发展潜力；资源禀赋不仅包括传统意义上的自然资源，也包括了人文社会经济资源等，进一步拓展"地理环境"的范畴，通过"自然—资源—社会"的逻辑联系最终反映为经济上的贫困和发展上的落后。

资源与环境是人类赖以生存最基本的条件，社会进步和经济发展的重要制约因素。在当前部分自然资源尤其是不可再生资源日益减少甚至枯竭，而人口总量不断增长的情况下，通过科技手段合理和高效利用资源，改善失衡的生态环境，已经成为我国可持续发展的重要途径。

现在已为人类所开发利用的自然资源主要包括水资源、土地资源、气候资源和生物资源等。这些资源按照可被人类利用时间的长短分为可耗竭资源和不可耗竭资源两大类，可耗竭资源又可分为可更新资源和不可更新资源两类。自然资源为经济社会发展提供了天然物质基础，具有潜在生产力，但自然资源对产业发展的效果，需要人类劳动的参与和调控才能转化为社会物质财富，潜在生产力才能转为现实生产力。社会经济资源是指直接或间接对社会发展发挥作用的社会经济因素和社会生产成果。主要包括人力资源、基础设施、能源、资金、旅游资源、科技信息资源、市场资源。

下面根据资源禀赋和致贫因素对连片特困片区进行分类。

1）多山型贫困

我国几乎所有的连片特困地区都处于中西部山区，"多山"成为贫困地区最大的贫困因素。在我国第二级台阶的地理分界线上，从北至南依次分布着大兴安岭南麓片区、燕山—太行山片区、吕梁山片区、六盘山片区、秦巴山片区、武陵山片区、乌蒙山片区、滇桂黔石漠化片区、滇西边境片区九个连片特困片区。位于中东部地区的大别山片区和罗霄山片区的平均海拔也明显高于周边的平原地区；而新疆南疆三地州片区、西藏自治区片区和四省藏区位于我国地理学范畴中的第一级台阶，平均海拔在 4 000m 以上。

就自然特征与经济特征来说，地处云、贵、川、渝及藏区的高山贫困带属

---

① 曲玮，等．贫困与地理环境关系的相关研究述评．

于同一贫困类型。这一类地区不但海拔高，而且地形起伏大，“平均坡度”普遍在30%以上，进一步影响了当地的经济社会发展和产业布局。在“滇西边境”片区，56个贫困县“平均坡度”普遍在30°以上；尤其是在该片区西北部的贡山、福贡、兰萍等县的“平均坡度”达到了45°以上，给当地人民生活和经济社会发展造成极大的影响，这一地区的农民人均纯收入明显低于片区平均值，属于贫困地区的贫困地区。以第一产业为例，根据农业生产实际，坡度15%是农业机械化耕作的上限，坡度大于15%的地区需要采用等高种植或靠牲畜力或人力，极大地增加了农田基础设施建设的成本，进而限制了农业产业化的发展。而坡度大于25%的地区则不适宜开垦，仅适宜发展林业。根据国家政策，始于1999年的“退耕还林”工程率先在四川、陕西、甘肃3省开展试点，坡度25°以上的耕地要全面实行退耕还林。因而这一地区的森林覆盖率高和森林蓄积量大，出产大量的特色林产品，也有较丰富的水利资源。但是由于多种原因，这些特色自然资源都未能很好地转化为市场资源。

2）闭塞型贫困

根据交通优势度分析，除新疆、西藏和四省藏区之外，闭塞型贫困区的地理范围大致包括大兴安岭南麓片区、燕山—太行山片区、吕梁山片区、秦巴山片区、武陵山片区、滇桂黔石漠化片区、滇西边境片区、六盘山片区。这些地区往往拥有极为丰富的自然资源和旅游资源，如滇西片区濒临澜沧江等大江水系，水电资源发达，秦巴山片区的旅游资源相当丰富。但由于交通闭塞，大量宝贵资源无法有效地利用。

这类地区最明显的致贫因素是交通不便，除铁路里程少之外，公路的覆盖率也明显低于全国水平。交通不便不仅使得该地区的产品交换与外部隔绝，还使得与外部地区的人员交往处于半隔绝状态，文化明显落后，这些又进一步制约了当地经济社会的发展。在这类贫困片区，农民出行的便捷性差，距离周边的大中型城市（500万人口以上）的出行时间普遍在6～12h以上，很多区域的出行时间则在24h以上，严重限制了贫困地区农民与外界的商品交易和信息交流。

这类地区要摆脱经济落后和文化落后的面貌，交通是关键制约因素。进入21世纪以来，交通基础设施在国民经济中的重要性日益显著，许多西方经济学家都认为，交通是以几何级数推动其他产业的发展，所以世界各国无不把交通运输的发展摆在首位。在国家不断加强对该地区铁路和主干公路网建设的同时，当地政府应自行加强区域内部的毛细公路网建设，以便加强内部商品经济的活跃度。然后通过毛细公路网与主干交通网的链接，形成与外域联系的交通网络。可以说交通运输业的发展是改变这一类地区产业结构的突破口，没有交通运输业的发展，也就无法形成与优势资源对接的产业结构，地区优势是难以发挥出来的。

在考虑解决交通这一关键制约因素的同时，综合治理的措施也很重要。因为这类地区大都地处偏远，靠近边境地区，多数还是各少数民族聚居区域，多年闭塞导致了文化发展的落后。因此，在发展交通的基础上，配套措施也要跟进，否则也难以有效推进当地的减贫进程。例如对于四川省阿坝州，除了给其民政性救济和发展交通事业外，还通过资金投入带动发达地区的教育和技术资源进入这一地区。从资金投入、劳动力素质提升和技术输入三个方面促进该地区摆脱贫穷落后状态。

3）土地贫瘠型贫困

土地贫瘠型贫困区，其地理范围主要包括六盘山地区、秦巴山区、滇桂黔石漠化地区、滇西边境山区、武陵山区、四省藏区和西藏片区。除四省藏区和西藏外，其他片区多具备以下特征：区域内地形复杂，植被破坏后水土流失严重，多年的掠夺性耕种后，已使得当地土地肥力退化，或受到缺水、沙化威胁，出产率日益递减。这类地区劳动生产率和商品化率均较低，扩大再生产不断加大对土地的利用范围和程度，进而出现了“生态—经济—生态”的不断重复、互为因果的恶性循环。对这类地区的扶贫开发应有3个重点：一是支持土壤改造和品种改良，着力提高单位面积的产量，缓解人地矛盾；二是增加科技的开发性投入，通过资金和科技的合理配置促进种植业内部结构合理化，土地过于贫瘠或坡度较大的现有耕地可以适当地退耕还林还牧，既有利于培养土地肥力，也有利于生态环境的改善；三是支持凸显当地特色的优势产业的发展，限制和调整与大中型企业有同构性的乡镇企业的发展。以基础性投资，带动当地的深加工、精加工作业的农副产品加工产业，振兴本地区的经济发展。

4）缺水型贫困

“水资源”不但是人类生活的必需品，也是产业发展的必备资源。我国人均水资源占有量仅为世界平均水平的28%，比人均耕地占比还要低12个百分点。与此同时，我国水资源时空分布不均，对我国不同区域的经济社会发展产生了重大影响，仅在农业领域，旱灾就是影响粮食生产的最大灾种。据统计，每年因干旱造成的粮食损失占所有农业自然灾害损失粮食总量的60%。燕山—太行山片区、吕梁山片区、六盘山片区地处我国“人均水资源”分布最为缺乏的中西部山区，“人均水资源量”仅在500m^3以下；近年来，随着气候变化和环境恶化的不断加剧，地处南方的滇桂黔片区和滇西片区也不断遭受旱灾的影响。

缺水型贫困区大致可以分为3类：第一类是降雨量极少而地下水源不发达的地区，如新疆、甘肃、宁夏等西部省份的部分地区；第二类是中部地区旱涝无常而地下水源不发达的地区，如黄河流域的许多地方，受到干旱和雨涝、河涝的交替威胁；第三类是南部贫困县区由于地质结构问题和定形地貌原因，以及水利设施年久失修等原因，水资源无法得到有效利用以保障经济社会发展的需要。

这类地区的生态结构调整亦应先于产业结构调整。水的来源有3个，一是摸清地下水系，开发地下水源；二是疏通河道，增加灌溉面积，同时重视各河流域的植被培养，防止水土流失；三是改善生态条件，增加和调节降雨量。抓住这3个方面综合治理，才能形成较好的生产环境和生产条件，在此基础上进一步调整产业的合理结构。

5）沙漠高寒型贫困

沙漠高寒型贫困区，其地理范围大致包括：新疆、甘肃、青海、宁夏等省（自治区）的部分贫困地区。其特征是：植被稀少，降雨量少，草树成活率很低，现有耕田和牧场受着严重的沙化威胁，可耕土地有减少的趋势，土地肥力也在不断下降。这一地区农产品产出率很低，刚够温饱或半温饱，无力进行范围较宽、规模较大的商品生产，这种地区如果任沙害自然发展，半温饱型也将很难维持。这一地区虽然蕴含着矿产资源（如石油等）较为丰富，但开发难度较大，开发过程中也存在着对当地生态环境的进一步破坏。就现已开发的地区看，其对贫困地区农村的拉动作用主要体现在带动城市近郊的农村发展和剩余劳动力就业，对于大面积的贫困地区农村的带动作用有限。

目前这一地区一方面通过飞播草籽和种植耐旱沙棘等方式防风固沙，保护现有农田，调节自然雨量；另一方面积极寻找地下水源，并开发利用现有的河道。通过多年的努力，成效显著。但是随着工农业生产规模的不断扩大和产业结构调整的升级，以及不断加快的城镇化进程，导致农业—工业—生活用水挤占生态用水的矛盾已经凸显出来，保护生态环境和进一步巩固扶贫成果都面临更加严峻的挑战。

2.2　贫困地区低碳发展现状

2.2.1　国内贫困地区低碳发展实践

1. 扶贫基础设施建设为贫困地区的低碳发展提供了保障

贫困地区基础设施主要是指为发展农业生产和保证农民生活而提供的公共服务设施的总称，包括交通、邮电、教育、文化、农田水利、供水供电、园林绿化、卫生事业等生产服务设施和生活服务设施。贫困地区的基础设施建设作为我国扶贫开发战略体系中相当重要的一项内容，是农村各项事业发展的基础，也是农村系统的重要组成部分，对改善贫困地区生产生活条件、增强贫困地区发展能力具有十分重要的意义。近年来，我国农业和农村基础设施建设成就显著，贫困地区生产生活条件得到了明显改善，包括贫困片区通水泥 / 沥青公路的行政村比重、通电的行政村比重、通广播电视行政村比重、通宽带网络行政村比重、通客运班车的行政村比重、饮用水入户管道水行政村比重等反映基础设施水平的指标已经得到显著提升，为贫困地区的低碳发展提供了有力的保障，各贫困片区的基础设施情况见图 2-1。

2. 具有区域特点的低碳特色产业提高了贫困地区的经济实力

贫困农村地区地理环境并不占优势，但很多区域利用其特有的地理优势、资源禀赋，并因地制宜地发展了多种类型的低碳产业。我国许多贫困山区与生态旅游资源的空间分布是高度重叠的。部分贫困地区以可持续发展为目标，以科学开发为手段，逐渐发展起生态旅游业，不仅改善了这些地区的生态环境，还给当地农民带来了经济利益，实现了旅游开发与扶贫的有机结合。

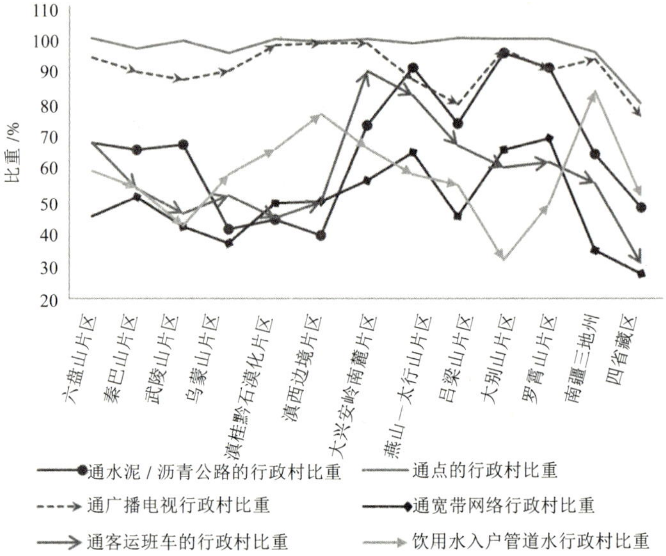

图 2-1 贫困地区基础设施

专栏 2-1 武陵山片区彭水县生态旅游

武陵山片区旅游资源丰富，旅游产业发展有一定的基础。武陵山片区区域扶贫产业规划中，把旅游产业摆在第一位，要求片区立足旅游资源优势，打造生态旅游。彭水苗族土家族自治县位于重庆直辖市东南部，处武陵山区，其借助其独特的资源优势、区位优势和较强的发展后劲，作为重庆市“生态旅游扶贫试点县”，以“旅游扶贫凝练主题，与专业旅游相得益彰”的发展思路，将旅游扶贫和旅游发展有机结合起来，5 年时间内实现旅游收入由 0 ～ 8 亿元的突破。

来源：《连片特困区蓝皮书：中国连片特困区发展报告（2013）》。

大多数贫困地区都在积极探索生态农业产业，以继承和发扬传统农业技术精华并吸收现代农业科技为技术特点，强调农林牧副渔等系统的结构优化，把农业可持续发展的战略目标与农户微观经营、农民脱贫致富结合起来，形成生态和经济的良性循环，推动了农业的可持续发展。

专栏 2-2　生态农业的产业化发展

恭城瑶族自治县地处广西壮族自治区东北部，行政隶属桂林市管辖，东西北面环山，石漠化严重，自然灾害频繁，是广西 49 个有名的“老、少、边、山、穷”县之一。改革开放以来，恭城县以改革开放为动力，以市场经济为导向，以科技为先导，走出了一条以养猪、办沼气、种果树三位一体的循环生态农业发展道路脱贫致富奔小康，形成“恭城模式”。恭城人民长期坚定狠抓生态建设，全面调整和优化农业生产结构，聚集产业优势，形成了以增加农民收入为基点，县域经济发展和提高农民生活水平的良性循环，生态产业链不断延伸，以“生态富裕文明家园”为内容的社会主义新农村建设。

来源：http://pri.pku.edu.cn:8081/pri/fzcsbrowes.asp?Id=16。

3. 可再生能源的开发利用成为贫困地区低碳发展的优势领域

我国按照因地制宜的方针，积极发展贫困地区的农村沼气、秸秆发电、小水电、风能、太阳能等可再生能源，研究表明我国水资源丰富，农村小水电资源（现时期主要是指 5 万 kW 及以下的小水电）资源可开发量为 1.28 亿 kW，主要集中在西部边远山区、少数民族地区和革命老区等贫困地区，其中西部地区小水电资源最为丰富，可开发量占全国的 63%①。近年来，通过财政补贴及相关政策支持，贫困地区在沼气、生物质能、太阳能、小水电及风电等新能源开发和利用方面取得了不错进展。2005 年《中华人民共和国可再生能源法》中提到，“国家鼓励和支持农村地区的可再生能源开发利用”，针对农村地区的可再生能源发展，“因地制宜地推广应用沼气等生物质资源转化、户用太阳能、小型风能、小型水能等技术”。我国于 1987 年起就设立了农村能源专项贴息贷款，主要用于大中型沼气工程、太阳能的利用及风电技术的推广应用的资金支持，2006 年财政部还下发专项资金用于支持农村的可再生能源利用项目。通过上述政策的实施，不仅为贫困地区可再生能源的开发利用，明确了工作思路，还提

① 国家发改委 2005 年 11 月公布的全国水能资源复查成果，http://www.shp.com.cn/zlk/ckjl/zjyzw/200812/t20081217_418667.html。

供了良好的外部环境和经济支撑。贫困地区可再生能源的有效利用，不仅提升了贫困地区居民的生活水平，还优化了贫困地区的能源消费结构，成为贫困地区未来实现低碳发展的一个重要领域和优势条件。

4. 增加碳汇[①]成为贫困地区低碳发展的重要模式

贫困地区具有发展碳汇的优势条件，国内已有的很多碳汇项目都处于贫困地区。国家林业局通过制定《碳汇造林项目技术规定（试行）》《碳汇造林检查验收办法（试行）》以及《中国绿色碳基金造林项目碳汇计量与监测指南》、《造林项目碳汇计量与监测指南》，为碳汇造林项目的开展提供管理办法、碳汇的计量和监测提供参考。国内在碳汇 CDM 项目开发方面已取得积极进展，截至 2013 年 2 月，在联合国注册成功的再造林清洁发展机制项目（CDM）已有 3 个，分别是广西西北部地区退化土地再造林项目、四川西北部退化土地的造林再造林项目、广西珠江流域治理再造林项目，占全球再造林已注册的 CDM 项目的 8.6%[②]。实施这些碳汇项目，在片断化生境上恢复森林植被，不仅有助于缓解全球气候变化、帮助改善当地的生态环境，也极大地促进了当地社区村民生活水平的提升。

5. CDM 项目的开发为贫困地区低碳发展奠定了良好基础

贫困地区大多位于边远地区，在小水电、风电、太阳能、垃圾填埋气、造林及余热利用等方面资源相对丰富。近年来，我国很多贫困地区通过开发沼气 CDM 项目，初步形成了沼气应用推广体系，提高了当地沼气应用的推广速度及使用效率。我国生物质能资源广泛，贫困地区主要有农作物秸秆及农产品加工剩余物等，通过发展生物质能 CDM 项目，在替代化石能源、促进环境保护、带动农民增收等方面都发挥了积极作用。贫困地区生态环境脆弱，部分地区沙漠化倾向严重，利用清洁发展机制，加强林业建设，开发碳汇造林 CDM 项目，不仅能带来整体环境的改善，还能有效吸引外资，促进当地经济社会发展。

---

① “碳汇”（Carbon Sink）来源于《京都议定书》，是指土地利用与土地利用变化活动（LULUCF），由造林、再造林和砍伐森林（毁林）带来的土地利用变化和林业活动所引起的温室气体排放的变化，可以用于完成《京都议定书》下的承诺指标。

② 数据来源：http://cdm.unfccc.int/。

专栏 2-3　贫困地区 CDM 项目开发

截至 2013 年 2 月，我国在联合国 EB 的项目为 4 028 个（包括挂网公示、更改请求、请求注册、已注册、要求复审的状态），占亚洲的这类项目总数的 55%。其中，国内已注册的 CDM 项目总数为 3 203 个，占亚洲已注册的项目的 70%。针对贫困地区开展的 CDM 项目，水电项目达 1 169 个，风电项目达 1 320 个，生物质能项目达 114 个，太阳能项目达 101 个，再造林项目 3 个（见图 2-2）。总体上看，在贫困地区已注册的 CDM 项目均是可再生能源项目，占总注册项目的 84% 左右，这些项目不仅可以减少温室气体的排放，而且有利于促进贫困地区的可再生能源的发展，项目在开展的建设和运行期，对于增加贫困地区的收入带动相关产业的发展具有积极的作用。

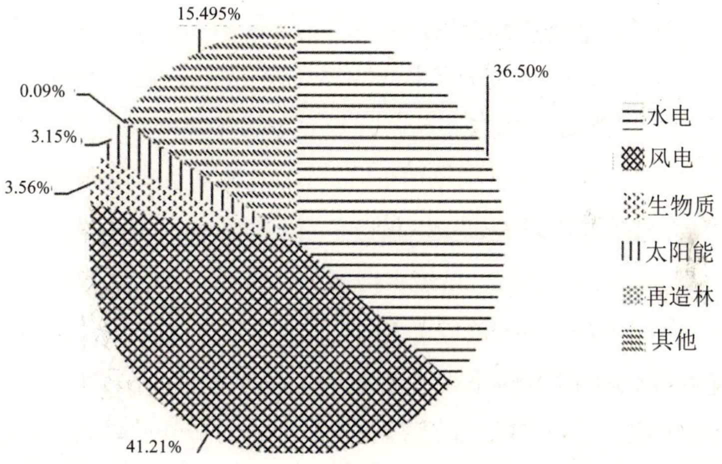

图 2-2　国内已注册 CDM 项目

2.2.2 国外贫困地区低碳发展实践

总体来看，贫困地区低碳发展即使在国际上也是一个新课题，以单独针对扶贫开发或低碳经济的研究和工作居多，两者结合的低碳扶贫研究或案例相对较少，可借鉴的低碳扶贫经验也较为缺乏。近年来，国际上对于贫困问题作了很多研究，提出了许多理论，目前也有国际组织和发展中国家开始关注扶贫与低碳发展之间的关联，特别是通过实施一些能源、林业及农业项目和推广创新型金融机制，为贫困地区的发展提供新的思路。

1）将保护环境和消除贫困进行有机结合

联合国“千年发展目标（MDGs）”将消灭极端贫穷和饥饿作为2015年的八个目标之一。联合国发展计划署（UNDP）和联合国环境计划署（UNEP）在全球开展贫困与环境倡议（PEI），旨在国家规划和发展过程中，从决策、预算、实施及监控过程中考虑贫困与环境。在非洲地区，PEI计划得到广泛推广，并在其国家政策的制定中得到较好体现。亚马逊北部的厄瓜多尔地区，联合国开发计划署协助当地政府，通过开展生产边界项目（Productive Borders Project）为当地提供支持，帮助贫困地区识别、计划并成功管理生态旅游和咖啡、奶制品的生产链，既保证了社会生产活动的正常运行，也促进了当地环境的可持续发展。

2）积极发展可再生能源及碳汇项目

在可再生能源利用方面，发展中国家做了很多工作，旨在推动贫困地区的可再生能源的发展，促进当地经济发展。如尼泊尔、秘鲁及肯尼亚地区开发生物质能、小水电等可再生能源技术的微电网，为当地提供24h电力服务，从而实现农村地区电气化。同时，政府还出台了相关政策支持可再生能源微电网的建设，并鼓励财政机制创新，吸收个人投资，建立技术交流培训中心，为农村地区的可再生能源发展提供资金和技术的支持。在印度的某些地区，通过采用抽水灌溉的模式，促进农作物生长，增加了当地生物质燃料的使用，降低该地区燃烧高碳燃料而产生的污染，有效地促进地区可持续的发展。在非洲半干旱地区，通过开发造林和再造林CDM项目，在保证土地的正常使用的前提下，实现了有效的碳存储。

3）积极探索低碳金融创新

小额信贷以反贫困、促发展为基本宗旨，为低收入的人群提供额度较小的信贷服务。为保证贫困地区能得到可持续的金融服务，国际上的小额信贷机构不断调整贷款投向，优化贷款结构，为贫困地区的发展提供了资金保障。同时，一些国际机构通过与当地政府的密切合作，提供资金支持开展小额信贷，取得了良好效果。如蒙古政府于 1997 年获得联合国开发计划署全球 Micro-Start 的支持，开始小额信贷项目的实践，不仅为蒙古创造经济发展的机会，同时将蒙古从竞争激烈的市场经济中解脱出来。随着减排的需要，低碳技术的发展，通过多种机构实施绿色信贷，建立贫困地区的低碳信贷体系，能为贫困地区的低碳发展提供更好的融资渠道，促进该地区的低碳产业增长。国际上已有的一些农村小额信贷的发展经验见表 2-1。

表 2-1　国际小额信贷发展

小额信贷模式	各国模式	说明
非政府组织（NGO）	孟加拉格莱珉模式	贷款对象是最为贫困的农户
	印度小额信贷	授信方式主要有自助连锁方式和连带责任方式
	马来西亚小额信贷	依靠财政，对象是最贫困人群
	北非 70% 的小额信贷机构是 NGO	埃及：某些商业银行的金融服务。摩洛哥：小额信贷机构
正规金融机构方式	印度尼西亚小额信贷	印度尼西亚人民银行（BRI）提供农村金融服务，对象是农村中收入较低且有还款能力的人群
	泰国小额信贷	泰国农业合作银行（BAAC），同印度尼西亚
	玻利维亚非政府组织 PRODEM 阳光银行（BANCOSOL）	福利性机构向商业性机构转化
	拉丁美洲	哥伦比亚社会信贷所（Caja Social）、秘鲁自助银行（ACP/MiBanco）、安第斯信贷所（Caja Los Andes）、多米尼加的 AREMI、墨西哥的 Compartamos
	中国	大银行提供的下岗失业担保贷款、助学贷款和扶贫贷款；农村信用社的小额贷款；农户联保贷款
乡村银行方式	乌干达国际社区资助基金会（FINCA）	—
批发基金专营小额信贷模式	孟加拉农村就业支持基金会（PKSF）	—
社区合作银行方式	—	—

目前，国外低碳扶贫的经验表明，低碳扶贫主要通过政府引导、国际援助两大类措施，努力实现贫困人口数量的减少，加强贫困地区基础设施的建设，发展贫困地区的教育事业，提高贫困地区人民的生产和生活水平。

（1）政府引导

① 印尼政府发布民众自立国民纲领，为贫困家庭提供现金补助，给予中小企业多种形式的扶持；

② 孟加拉政府通过提高工资水平、降低人口增长、促进就业等措施，改善居民生活条件，提高居民生活水平，2001—2010 年平均每年帮助 180 万人摆脱极度贫困的境况；

③ 印度通过政府财政转移支付来实现扶贫目标，实施“农村就业保障计划”提供农村就业机会，推出小额贷款；

④ 南非实践旅游扶贫，通过发布《减少贫困计划》《负责人旅游手册》，实施旅游中的公平贸易，创建旅游扶贫试验区。

（2）国际援助

① 非洲接受 11 亿美元气候保护行动（太阳能热器、风力发电等政策）；

② 亚洲开发银行向尼泊尔提供 720 万美元贷款用于支持该国农村金融领域发展项目的实施；

③ 世界银行批准 2 500 万美元支持坦桑尼亚农村可再生能源开发和利用工程扩建。

2.2.3 贫困地区低碳发展的政策现状

1. 从低碳发展视角看扶贫政策

现有扶贫政策及措施对提高应对气候变化能力起到了积极的推动作用。近年来，我国各级政府为促进贫困地区的发展积极采取了多项措施，如在全国开展的产业发展政策、基础设施建设，以及技术培训、农业人口向非农领域转移（图 2-3）等。在上述措施的共同作用下，我国提前实现了联合国千年发展目标中贫困人口减半目标，扶贫开发取得了积极的成效，贫困地区应对气候变化的能力也得到了进一步加强。

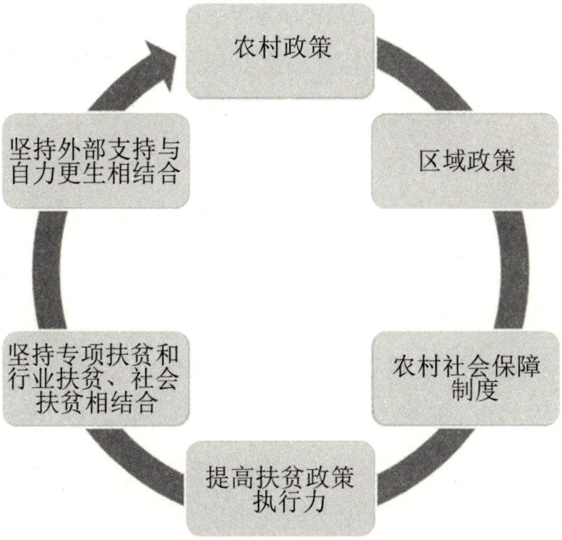

图 2-3 我国的扶贫工作政策路径

20 世纪 80 年代中期以来，我国政府开始有组织、有计划、大规模地开展农村扶贫开发，制定实施《国家八七扶贫攻坚计划》（1994—2000 年），实施了以解决农村贫困人口温饱问题为主要目标的大规模扶贫开发，使农村没有解决温饱问题的绝对贫困人口由 2.5 亿人减少到 3 000 万人，占农村总人口的比例由 30.7%下降到 3%左右[①]，基本实现了到 20 世纪末解决农村贫困人口温饱问题的战略目标。2011 年，我国政府制定的《中国农村扶贫开发纲要（2011—2020 年）》减贫规划，使扶贫减贫成为全社会的共识和行动，中国扶贫开发事业进入了新的发展阶段。改革开放以来，中国政府积极推进农村扶贫开发，促进了社会和谐稳定和公平正义，推动了中国人权事业的发展和进步。

1994 年《国家八七扶贫攻坚计划》通过加强基础设施建设、改变教育文化卫生的落后状况，达到 21 世纪末解决贫困人口温饱的奋斗目标，到 2000 年底，国家“八七”扶贫攻坚目标基本实现。实施“八七扶贫攻坚计划”期间，全国 592 个国家确定的重点扶持的贫困县共修建基本农田 8 012 万亩（1 亩 =1/15 公顷），新增公路 32 万 km，架设输变电线路 36 万 km，约 5 300 万人饮水问题得以解决。同时，行政村分别达到 67.7%、69%、89% 及 95.5% 的通电话、通

① 中国农村扶贫开发概要。来源：中央政府门户网站 http://www.gov.cn/zwhd/ft2/20061117/content_447141.htm。

邮、通路及通电比例，实现农业增加值64%、工业增加值99.3%，粮食产量增加12.3%，农民人均纯收入从848元增长到1 337元，全国农村贫困人口的温饱问题已经基本解决[①]。2001年国务院发布《中国的农村扶贫开发》，总结过去扶贫开发的历程与成就，并对21世纪初的扶贫开发做出新的指导。《中国农村扶贫开发纲要（2001—2010年）》明确提出奋斗目标，通过八大途径，尽快解决少数贫困人口温饱问题，进一步改善贫困地区的基本生产生活条件。

2011年国务院发布《中国农村扶贫开发的新进展》白皮书，系统总结近十年的农村扶贫开发取得的进展。《中国农村扶贫开发纲要（2011—2020年）》（以下简称《纲要》），明确2020年总体目标，通过十二大主要任务，提高贫困地区农民收入水平，稳定实现扶贫对象不愁吃、不愁穿，保障其义务教育、基本医疗和住房。11个贫困片区的区域发展与扶贫攻坚规划根据《纲要》要求，结合本片区的实际情况，配合《纲要》中的十二大主要任务，制定低碳扶贫的措施和路线。其中，《纲要》中的十二大主要任务，其中涉及低碳扶贫的任务是以下三大任务。其中，只有六盘山片区发展能源化工与盐化工，11个贫困片区发展服务业，从而避免贫困地区走高碳道路，开发适合本地区的新型产业化发展道路。我国低碳发展相关扶贫政策见表2-2。

表2-2 低碳发展相关扶贫政策

主要任务	低碳扶贫
特色优势产业	1. 因地制宜，其中六盘山片区、滇西边境山片区、大兴安岭南麓片区、燕山—太行山片区、吕梁山片区、罗霄山片区扶持特色产业 2. 六盘山片区、武陵山片区、滇桂黔石漠化片区推进节能减排和发展循环经济
公共文化	六盘山片区、秦巴山片区、武陵山片区、乌蒙山片区、滇桂黔石漠化片区、滇西边境山片区、大别山片区、罗霄山片区涉及文化产业规划，发展文化及民族文化产业，引导贫困地区发展新兴产业
林业和生态	1. 滇西边境山片区积极开发林业产业 2. 秦巴山片区、滇桂黔石漠化片区、滇西边境山片区、大别山片区发展生态特色农业，以及六盘山片区、武陵山片区、吕梁山片区发展特色农业

① 国研网数据，http://news.qq.com/a/20090728/001279.htm。

在扶贫政策的实施下，我国提前实现了联合国千年发展目标中贫困人口减半目标，扶贫开发取得了积极的成效，贫困地区应对气候变化的能力也得到了进一步加强。但是，总体来看扶贫政策与低碳发展的结合还不够，主要体现在以下三个方面。

1）扶贫政策对低碳发展的考虑不够

在贫困地区已经和正在实施的扶贫项目当中，多数是有助于提高地方经济发展水平和居民收入、有利于环境保护、资源能源节约，有助于提升减缓和适应气候变化能力的，如在很多地区实施的植树造林、建沼气池和推广节柴灶项目等就是如此。但是，当前扶贫相关政策中以促进产业大发展的不在少数，而这些政策往往缺乏对区域能耗和排放的考虑，在实施后可能会造成前述的高能耗、碳锁定现象，这会对贫困地区的长期可持续发展造成负面影响。

2）扶贫政策的多样性考虑不够

目前来看，一些地方仍然存在“一刀切”的现象，扶贫规划来自上级部门而不是自下而上地进行设计，不能切合当地实际。从低碳发展角度看，更是要避免这种“一刀切”的问题，因为不同地区在发展阶段、特点、已有基础、区位优势等方面会有很大差距，如果不采取有针对性、符合当地实际和地方特色的扶贫措施，不仅扶贫效果会大打折扣，造成了资源的浪费，还会影响这一地区的未来发展空间，一些低碳发展机遇也会由此丧失。

3）扶贫政策与其他政策协同性不够

我国贫困地区与气候变化受灾地区范围基本重合，贫困地区农民最容易遭受气候灾害影响，因此而造成的致贫、返贫现象严重，而未来由于环境退化和各种气候相关灾害的增加，我们将面临返贫人口、特别是因灾返贫人口增加的风险。最近几年，农村社会保障制度发展迅速，但社会保障、救灾和扶贫尚没有有机结合，协同效应不够明显，而且在原有的扶贫政策中，也未能充分考虑气候变化所产生的影响。因此，未来扶贫政策需要与救灾、社会保障和开发式扶贫相互结合，并加强与应对气候变化政策的协同，积极处理好扶贫开发和资源利用与保护的关系，这样才能逐步建立一个更加具有地域特色的、有广泛公众参与的、多方协同考虑的扶贫决策体系，从而从根本上提升贫困地区的脱贫能力。

2. 从扶贫视角看低碳发展政策

1）低碳发展政策为贫困地区提供了扶贫发展的新方向

低碳发展政策为贫困地区的脱贫提供了优化选择。我国作为一个负责任的发展中国家，对气候变化问题给予了高度重视，不仅成立了国家气候变化对策协调机构，还采取了一系列与应对气候变化相关的政策和措施，为减缓和适应气候变化作出了积极的贡献。当前低碳发展政策主要包括优化产业结构、优化能源结构、节能和提高能效、增加碳汇等多个方面，并根据区域划分给出了不同的政策导向，这为贫困地区的持续发展提供很多优化选择。部分贫困地区也在上述这些政策的指导下，积极开展了形式多样的低碳发展探索与实践（表2-3），特别是调整优化能源结构相关的政策，对贫困地区的帮助最为显著。

表 2-3 低碳发展政策在贫困地区的可能应用领域

政策分类	贫困地区应用领域
优化产业结构	1. 用高新技术和适用技术提升传统产业，推动初级产品深加工，延伸产业链条，提高传统产业产品附加值，提高产品档次和水平淘汰传统产业领域内的消耗高、污染重的工艺和设备 2. 培育新兴产业。利用各种政策优惠，培育新能源、新材料、环保设备、生物医药等新兴产业发展
节约能源	1. 实施节能产品惠民工程，通过财政补贴推广高效照明产品、高效空调、高效电机等节能产品 2. 财政补贴推广节能灯 3. 加强既有建筑节能改造
发展低碳能源	1. 通过开发利用风能、太阳能等新能源，以新的发电方式为那些远离电网的贫困地区提供能量 2. 促进贫困地区的光伏发电产业技术进步和规模化发展，培育战略性新兴产业 3. 通过光伏发电系统及光伏水泵、太阳能路灯等光伏产品的有效应用，解决一些偏远贫困地区的用电、用水问题 4. 建设绿色能源示范县，促进小水电开发 5. 积极发展沼气等生物质能
增加碳汇	1. 重点实施防护林工程，开展碳汇造林试点，加强林业经营及可持续管理，提高森林蓄积量 2. 提高农田及草地碳汇

2）低碳发展政策促进贫困地区合理利用能源并摆脱能源贫困

能源贫困是贫穷的一个重要原因，一些贫困地区是欠发达的资源富集区，虽然有丰富的煤、石油及各种可再生能源资源，但由于其开采、运输、使用成本超出了贫困地区人群的负担能力，真正的利用受到极大限制。近年来，我国发布实施了一系列推动绿色能源发展的相关政策，极大地促进了贫困地区的绿色能源建设，为贫困地区的能源脱贫和经济发展奠定了很好的基础。如2005年我国出台了《中华人民共和国可再生能源法》，并在其实施3年后，针对发展新能源过程中出现的一些问题，对相关法条做了调整，以更有利于偏远地区绿色能源的有效开发。2007年9月，国家发展改革委公布的《可再生能源中长期发展规划》明确提出，农村可再生能源开发是2010—2020年我国可再生能源发展的重点领域之一，农村可再生能源发展的重点是解决农村无电地区的用电问题，改善农村生活条件，开展绿色能源示范县建设（表2-4）。为贯彻落实上述要求，2011年，国家能源局、财政部和农业部组织实施绿色能源示范县建设，还制定了《绿色能源示范县建设补助资金管理暂行办法》，计划到2020年在全国普及500个绿色能源示范县，绿色能源县可再生能源利用量在生活能源消费总量中超过50%。在国家财政支持下，很多贫困地区的绿色低碳能源取得了长足发展，还带动了诸多绿色产业的发展，如整合国有小水电企业、提升小水电的规模和效益、积极实施农村沼气工程等。“十二五”期间，农村能源建设更是加快了步伐，按国家能源局规划，到2015年我国生物质发电装机将达到1 300万kW、集中供气达到300万户、成型燃料年利用量达到2 000万t、生物燃料乙醇年利用量达到300万t，生物柴油年利用量达到150万t，并将建成1 000个太阳能示范村。

表2-4 可再生能源政策在贫困地区的作用

类别	政策名称	政策内容	扶贫效果
风电	2005年《可再生能源法》	国家鼓励和支持农村地区的可再生能源开发利用	明确县级以上地方因地制宜地推广应用沼气等生物质资源转化、户用太阳能、小型风能、小型水能等技术
	2007年《可再生能源中长期发展规划》	将农村可再生能源利用作为重点领域开发	解决广大农村居民生活用能问题，改善农村生产和生活条件，有效提高农民收入
	2009年《关于完善风力发电上网电价政策的通知》	出台了四类风资源区的标杆上网电价，风资源丰富地区电价低	若该贫困地区，不是风资源丰富区，开发风电将获得较高电价的补贴

续表

类别	政策名称	政策内容	扶贫效果
光伏	1997 年光明工程先导计划	在青海、新疆、内蒙古等地开展了以光伏发电技术为主体，以解决农牧民生活用电为主要目标的工程项目	其资金主要通过国际援助、地方财政补贴的方式，为农村的中小学、卫生院以及农牧民提供光伏发电装备
	2002—2004 年“西部省区无电乡通电计划”	通过光伏和小型风力发电解决西部七省区用电问题，光伏用量达到 15.5MW	解决西藏、新疆、青海、甘肃、内蒙古、陕西和四川 7 个省，700 多个村镇、20 多万户、接近 100 万人的用电问题
	2009 年《关于实施金太阳示范工程的通知》	中央财政从可再生能源专项资金中安排一定资金，支持光伏发电技术在各类领域的示范应用及关键技术产业化	
水电	2011 年农村水电增效扩容改造试点	浙江、湖北、湖南、广西、重庆、陕西等六省（区、市）正式启动农村水电增效扩容改造试点	在水资源综合利用、节能减排、强农惠农等方面效益显著，还促进了农村水电良性发展机制的形成
	2011 年《“十二五”全国水电新农村电气化规划》	规划到“十二五”期末的水电新农村电气化建设规模	提高农村电气化水平，加强农村基础设施建设，保护生态环境
	《2009—2015 年全国小水电代燃料工程规划》	在 24 个省（区、市）和新疆生产建设兵团的 534 个县实施小水电代燃料工程	选择退耕还林区和天然林保护区，重点选择中西部地区，优先选择贫困地区、少数民族地区和革命老区。适当考虑东部地区的少数民族地区、革命老区和经济欠发达地区

3）现行低碳发展政策对贫困地区的特殊性考虑不足

对贫困地区来说，由于在资源禀赋、发展能力、发展方向、发展方式上与发达地区存在较大差距，更需要低碳发展政策的倾斜和重点考虑。我国当前的低碳发展政策虽已涉及了经济、社会发展的各方面，对全国的低碳发展具有普遍的指导意义，但绝大多数减排行动还集中在与工业相关的领域，针对广袤的农业区域和庞大农村人口的节能减排和低碳行动还较为缺乏。此外，低碳发展政策与如何促进贫困地区发展联系不够紧密，也没有专项内容涉及如何改善受气候变化影响最大的贫困人口的适应能力，以及如何提高贫困地区减缓气候变化的能力等。此外，低碳发展政策对贫困地区的特殊关注也不够，尚未明确体现扶贫内容，如何实现区际间的补偿也还不到位。

2.3　我国贫困地区低碳发展的趋势及意义

2.3.1　我国扶贫新趋势

从长远战略高度上来看，扶贫开发在中国现代化建设进程中具有举足轻重的历史地位。这体现在消除二元经济结构、实现共同富裕中的重要作用，同时也体现在扶贫开发的艰巨性、长期性上。经济社会的发展，特别是科学发展观和全面建设小康社会目标的提出，给我国扶贫事业发展提出了新的要求。

1）全面建设小康社会要求扶贫的工作目标具有更丰富的内涵

经济发展只是小康社会的一个方面，为达到全面实现小康社会的目标，在扶贫工作的开展过程中要全面关注贫困地区经济、社会、生态三个层面的发展、巩固与进一步提高。在当前扶贫工作中，关键是要进一步巩固扶贫成果，缩小城乡差距、完善基础设施、改进公共服务、保护生态环境，使贫困地区不仅仅从经济层面上脱贫，还要储存强有力的人力资本，使经济增长的成果能够以更为公平的方式得到共享。为此，必须加强顶层设计，从贫困地区的初始脱贫路径开始着手，制定非单一收入的贫困地区综合发展路径。

2）深入贯彻科学发展观对扶贫工作方法提出新的要求

科学发展观的第一要义是发展，核心是以人为本，基本要求是全面协调可持续，根本方法是统筹兼顾。具体到扶贫工作中，科学发展观对扶贫工作提出的要求主要包括：以人为本，强调群众参与，用参与式的方法自下而上地制定扶贫开发规划；坚持全面发展的方针，全面促进贫困地区各项社会事业的发展；坚持协调发展的方针，实现资源开发和生态、环境保护相协调；坚持可持续发展的方针，加强控制和减少贫困的制度建设，通过制度防范、制度保障，避免人口生活降至贫困水平。在全面建设小康社会的目标和科学发展观的引导下，《中国农村扶贫开发纲要（2011—2020年）》（以下简称《扶贫开发纲要》）对中国未来的扶贫开发，提出了到2020年实现“两不愁、三保障，一高于、一接近、一扭转”的总体目标。这一总体目标包括两个层次：对贫困人口的减贫要实现“两不愁、三保障”；即“稳定实现扶贫对象不愁吃、不愁穿，保障其义务教育、基本医疗和住房。对贫困地区发展要实现“一高于、一接近、一扭转”，即贫困地区农民人均纯收入增长幅度高于全国平均水平，基本公共服务主要领域指标接近全国平均水平，扭转发展差距扩大趋势，其中，“两不愁、三保障”主要是针对贫困群众，“高于、接近、扭转”主要是针对贫困地区。从具体方法上来看，根据新一届党中央领导集体的一系列重要指示以及《扶贫开发纲要》和中央“两办”25号文件精神，实施了贫困地区“区域经济社会发展与精准扶贫到村到户”有机结合、共同推进，并据此确定了六盘山区、秦巴山区、武陵山区等11个连片特困片区。对扶贫开发来说，未来需要加大投入力度，整合各类资源，加强对跨省片区规划的指导和协调，集中力量、分批实施，推进跨省协调的连片式扶贫开发，帮助连片特困地区从根本上改变贫困面貌，在2020年与全国其他地区一道进入全面小康社会。

此外，我们还应当注意到随着我国总体经济社会发展迈入中上等收入阶段，贫困发生的类型发生多样性的变化。除了传统由于经济、交通、信息等原因造成的贫困之外，生态贫困特别是气候变化造成的贫困已经成为贫困原因发生的新趋势。因此，我们应当充分认识到向多维贫困宣战已经成为扶贫的主流趋势，低碳发展已经成为扶贫的应有之义。针对这一现象，我们在扶贫工作中的重点也应注重生态文明建设。要在贫困地区继续实施退耕还林、退牧还草、水土保持、天然林保护、防护林体系建设和石漠化、荒漠化治理等重点生态修复工程。强化贫困地区的生物多样性保护，加大重点生态功能区生态补偿力度。

2.3.2 贫困地区低碳发展的挑战和机遇

扶贫开发当前仍是我国政府一项长期而艰巨的任务。对贫困地区来说，一方面，面临着自然条件较差、基础设施较弱、产业结构落后、低碳技术缺失、人力资本不足等诸多约束，另一方面，又具有区位特色突出、可再生资源丰富、国家扶持力度强、技术后发优势强等特点。如何克服各种挑战，充分发挥特有优势，在相对较低的经济水平上实现低碳发展和跨越式增长，是我国政府在未来的扶贫开发工作中需重点考虑和着力解决的关键问题之一。

1. 贫困地区低碳发展面临的挑战

1）基础条件差

我国贫困地区大部分为老革命根据地和少数民族地区，地处边陲和山区，可统称为“老、少、边、山”贫困地区，由于在自然、经济、社会等各方面基础都较差，在低碳发展时会面临更大的难度。首先，贫困地区大致分布在西北部、西南部及中部山地，与其他地区相比，多数是处于干旱、半干旱的恶劣环境之中，自然环境、地形和气候条件相对较差，自然资源的支撑力和环境的承载力也明显较低。其次，贫困地区、气候敏感区及生态环境脆弱区，在地理空间分布上具有高度的一致性，一些导致贫困的自然原因，如地理环境、气候条件、纬度高低、土壤成分等，同时也成为制约其发展的最主要原因，特别是气候变化所带来的冰川退缩、干旱加剧、森林植被萎缩、水土流失加剧、极端气候事件等问题，更是造成了这些地区的气候贫困，要同时实现这些地区的低碳与发展面临极大挑战。最后，由于贫困地区往往存在人口多规模大、贫困发生率高、贫困程度深，往往会存在返贫现象严重、居民生活水平持续低下、贫困发生呈现集中连片等现象，再加上其本身经济发展落后、物质匮乏、知识贫困、能力贫困等问题，更加剧了贫困地区低碳发展的难度。

2）发展起点低

目前我国的广大贫困地区，在发展水平上远远落后于其他地区。虽然这些地区拥有丰富的农牧产品、林木矿场、水电能源、旅游景观以及生物药材等资源，但由于上游产业与下游产业之间的技术断层以及原材料产品结构与需求之间的错位，导致对各种自然资源的加工深度不够，产业链条较短，产品的质量档次和附加值不高而导致经济发展滞后、贸易不发达，并进一步导致发展所需资金和投入的缺乏。近年来，随着扶贫的力度进一步加大，也取得了一定的成效，但是与全国同期平均水平相比，贫困地区整体经济发展状况仍明显偏低。2011年全国 13 个片区的人均地区生产总值（因西藏数据不全，未考虑西藏地区的情况）和农民人均纯收入全部低于全国人均水平（见图 2-4）。产业层次也落后于全国水平，2001—2010 年，大别山等 11 个片区（未包括新疆南疆三地州、四省藏区及西藏）的产业结构中第二产业的比重低于全国水平（见图 2-5）。在这样一个较低的经济发展水平下，产业由传统的发展模式向现代化的低碳的发展模式转型非常困难。此外，贫困地区城市化程度低、教育水平落后、技术水平低、基础设施建设严重滞后等问题，更是给贫困地区低碳发展造成了极大障碍。

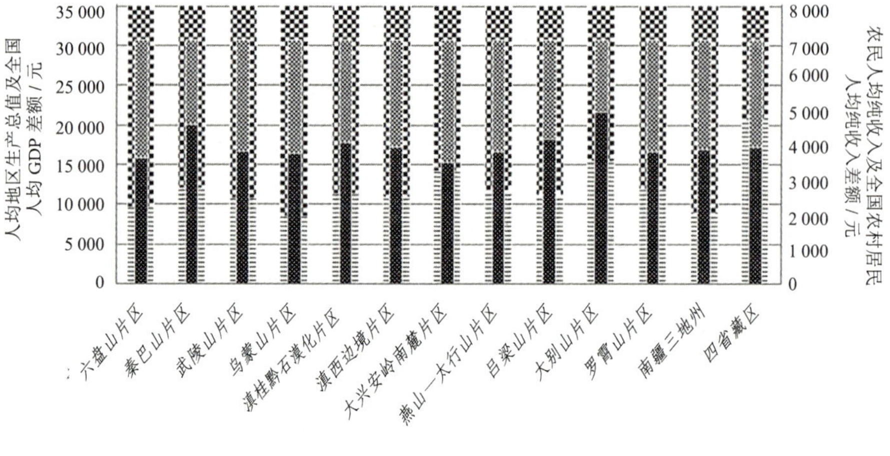

图 2-4 连片特困地区经济发展水平与全国同期平均水平比较

数据来源：国务院扶贫办、2012年中国统计年鉴。

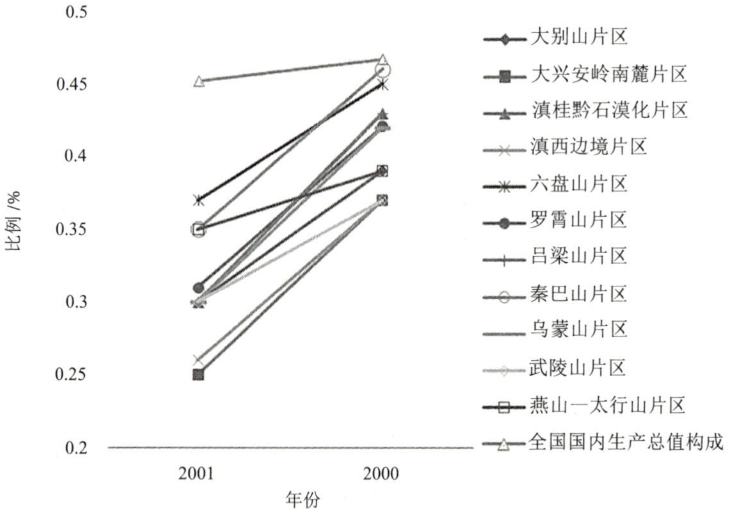

图 2-5 贫困地区产业结构中第二产业比重与全国同期水平比较

数据来源：国务院扶贫办、2012年中国统计年鉴。

3）对传统产业依赖过重

工业化理论的研究及各国的实践均表明，一个国家或地区的产业结构不仅是其资源禀赋、产业基础等内部条件以及区域间分工、市场需求等外部因素长期共同作用的结果，也是长期持续的资本及人力资源投入的结果。因此，一个区域产业结构的调整，也必然是一个相对长期的过程，非短期能够改变。当前我国贫困地区仍然对农业、工业依赖程度较高，第三产业尤其是服务业的发展水平有待大幅提高，地区单位产值的能耗仍然较高。此外，贫困地区所处的发展阶段以及对发达地区高耗能产业转移的承接，也决定了贫困地区的高碳产业特征还将延续一段时间。在这种相对较低的发展起点上，要想在较短时间内改变现有的经济发展模式，实现低碳增长，必然会受到极大的制约。

4）化石能源消费增长快

研究表明，广大农村地区至今仍有 60% 的居民、4 亿多人的炊事和采暖依靠薪柴和秸秆等传统生物质能，每年消耗生物质能约 1.8 亿 t 标准煤，其中薪柴占 65%，居世界首位，比无电人口超过 4 亿的印度还多 20%，这种能源贫困成为阻碍贫困地区生活水平改善、经济快速发展的重要障碍。为了解决能源贫困问题和提高生活水准，贫困地区对商品化石能源的需求会较大，特别是一些发展较快的贫困地区，正处于工业化和城市化较快发展时期，基础设施建设、产业增长、居民消费水平提升，都会转化为对传统能源特别是化石能源的巨大需求。近年来，贫困地区的能源消费持续呈现快速增长的态势，2011 年大别山等 11 个片区的平均万元地区生产总值能耗为 1.65t 标准煤，远远高于全国平均水平，而且从能源消费结构看，煤炭占比非常高。未来一段时期，贫困地区在解决能源高碳结构化方面的形势非常严峻，任务也十分艰巨。

5）低碳技术缺失

技术创新是发展低碳经济的关键，但贫困地区在使用低碳技术方面还面临诸多困难。首先，当前低碳技术项目特别是贫困地区的示范项目的投资，主要依靠政府临时拨款和政策贷款，以及国际机构的捐款和贷款，还没有形成稳定的政府投入机制，而由于贫困地区本地的资金投入能力有限，市场化的技术推广机制也难以形成。其次，金融系统对低碳技术项目支持不够，多数银行不选择对低碳技术项目融资，即使部分银行实施融资，其信贷放款数量也非常有限，不能满足低碳技术发展的资金需求。最后，贫困地区产业层次决定了低碳技术创新的需求和主动性较弱。贫困地区由于处在产业链条的低中端，主要是发展一些采掘工业、加工工业、原材料工业和能源工业。这些传统产业对技术创新和技术进步的要求都很低，这就决定了这些地区目前还无法形成具有较高的资源转换效率的资源配置结构和技术结构。

6）人力资本不足

低碳经济模式需要高技术和高素质的人力资源作为支撑。但长期以来，广大贫困地区不仅科技落后，而且人力资本匮乏。据统计，2010 年大别山等 9 个贫困片区高中阶段毛入学率仅为 66.7%，远远低于全国 80% 的平均水平。较低水平的人力资本结构决定了贫困地区无法在短期内运用高科技来改变目前的发展模式，或者说，这样的人力资本结构为贫困地区的产业结构升级和转型造成较大约束。因此，贫困地区要实施低碳发展模式，需要加大在人力资本建设方面的投入，而这又反过来需要国家给予更多的支持。

2. 贫困地区低碳发展的机遇

尽管面临各种各样的挑战，但我国贫困地区由于其特殊的区位及自然经济条件，再加上政府扶贫工作的不断开展，在低碳发展方面也具有一些其他地区不具备的优势和机遇。

1）区位和资源具有一定优势

贫困地区多是生态环境保护区，而这两类地区在低碳发展大局中均占据着特殊位置，可借以创造发展机会。贫困地区多数都具有一定的资源优势，包括众多的劳动力、辽阔的土地、大批量的农副特产、丰富的矿藏等，一些自然保护区因其拥有非常丰富的自然资源、社会属性和经济属性，也为低碳经济的发展提供了良好的资源和区位条件。

2）产业和技术具有后发优势

多数贫困地区工业化程度低，高碳经济比重小，具有转型成本低、阻力小、动作快等发展低碳经济的后发优势。贫困地区由于工业化、城镇化起步晚，目前大多还处于工业化前期或中期阶段，经济模式和工业体系都尚未完全定型。在这种背景下，如果欠发达地区始终是在既有的体系和路径下寻求发展，其结果往往不可避免地会陷入类似“贫困恶性循环”的发展陷阱。然而，随着低碳经济模式的出现，原有产业体系和发展路径将不得不进行重大调整和变革，在这个过程中，相对于发达地区而言，贫困地区由于产业尚未成型，可直接引入更为先进的企业或技术，产业技术后发优势将得以凸显。此外，贫困地区由于第二产业所占的比重相对较低，在大规模的落后产能淘汰和技术改造过程中，成本也要相对较低。需要注意的是，在当前我国的工业化进程中，随着区域生产力布局调整和产业结构优化升级，贫困地区可能会更多地承接东部产业的转移，在此过程中需要对接纳产业进行严格筛选，严控落后的、高耗能产业向贫困地区大规模转移，否则不仅会变得更为“高碳”，还会形成长期的“高碳锁定”，长期发展的空间和潜力将被极大压缩。

3）低碳能源资源丰富

我国贫困地区的可再生能源和清洁能源储量极为丰富。在风能资源方面，贵州省的威宁、赫章、兴义、晴隆、花溪等贫困县，山西省神池县、河北省张北县、吉林省通榆县都是风能资源极其丰富地区。在太阳能资源方面，云南省永仁县光照资源仅次于西藏拉萨；贵州威宁县年平均日照数为 1 812h，被气象学界命名为“阳光城”，全县适合发展太阳能光伏发电项目的区域达 6 925km^2。另外，生物质能、天然气等能源资源也高度集聚在我国贫困地区集中连片的地区，未来贫困地区在加强低碳能源的开发和利用方面将有着极大的空间和潜力。

4）碳融资作用显著

近年来，我国政府已经通过积极拓宽融资渠道，安排了更多的资金支持贫困地区的经济和社会发展，而与低碳发展相关的各种金融手段也为贫困地区带来更多的国内和国际资金支持，其中最具代表性的就是 CDM 项目。当前，在我国获批的 CDM 项目中，有 70% 以上是来自欠发达地区的水力和风力发电项目，此外还有一些旨在从煤矿、垃圾和农业废料中回收甲烷的项目，也是以欠发达地区为主。CDM 项目作为一种“双赢”机制，在帮助发达国家以低成本实现温室气体减排的同时，也为我国欠发达地区的低碳产业和技术创新提供非常难得的资金支持，并且带来广阔的投资机会。此外，CDM 项目还为贫困地区的低碳产业发展引入了先进的管理技术和管理理念。欠发达地区的地方政府、企业和科研院所可以通过 CDM 项目的渠道，与联合国 CDM 执行理事会、指定经营实体进行沟通、合作，及时把握国际低碳技术和低碳产业的发展动态，并吸收其先进的管理理念和管理经验，进而推动欠发达地区低碳产业国际化的进程。

2.3.3 贫困地区低碳发展的重要意义

1. 贫困地区低碳发展是我国建设生态文明的重要组成部分

气候变化背景下，推动低碳发展已成为国家核心竞争力的一部分，已成为全球应对金融危机、振兴经济的主要着眼点，未来大国要取得国际体系的优势就必须具有发展低碳经济方面的创新优势。对我国来说，贫困地区低碳发展是我国打造经济“升级版”系统工程，建设生态文明的重要组成部分，中国要在顺利实现现代化的同时建设资源节约型、环境友好型社会，就必须将低碳经济置于经济决策议程的核心地位，构建兼顾相对发达地区更好发展和相对不发达地区更好更快发展的低碳经济大格局。

2. 贫困地区低碳发展有利于应对气候变化总体目标实现

贫困地区往往既面临着快速城镇化和工业化的必然趋势，又面临着极为脆弱的生态环境和资源状况，往往是我国应对气候变化最具挑战的地区之一，其低碳工作成效的好坏，也将很大程度上影响全国低碳目标的实现。因此，贫困地区发展的不同推进模式，不仅决定这些地区本身的发展绩效，还将对各地区乃至全国的应对气候变化总体目标产生重大影响。与此同时，我们尤其需要警惕目前已经出现的发达地区向贫困地区进行产业转移过程中排放转移和污染转移的现象。这种继续走先污染后发展老路的现象，会进一步恶化我国低碳发展的总体形势。因此贫困地区的低碳发展具有极强的紧迫性。

3. 贫困地区低碳发展有利于拓展可持续的扶贫资源

低碳发展以实现贫困人口的持续、快速、稳定脱贫为最终目标，坚持开发式扶贫为主、救济式扶贫为辅的扶贫方针。在对丧失劳动能力的贫困人口给予必要救助的同时，着力强化脱贫的环境设施、人力资本、产业结构和金融资金支持，加快贫困地区的农业产业化、工业化进程，拓宽贫困人口的增收渠道，增强农村贫困人口的自身脱贫致富和自我发展能力，有利于拓展可持续的扶贫资源。推动低碳发展，有助于以低碳理念填充或置换贫困地区人群的生存理念认知，营造低碳发展的社会动力；有助于以低碳产业主体促进贫困地区产业结构“跨越式升级”，从产业空白阶段跨越传统的黑色产业主导阶段，直接进入现代绿色产业主导阶段；有助于以低碳发展基础建设逐步提高贫困地区碳汇水平，提升贫困地区尤其是生态结构脆弱贫困区的低碳发展禀赋。

4. 贫困地区低碳发展有利于创新扶贫机制

低碳发展是一种注重全面和持续的发展模式，不仅能为低碳产业提供更大的发展空间，为低碳技术提供更广阔的应用市场，还有助于改善贫困地区生态环境。以“低碳发展”的标准来对贫困地区进行经济、社会、生态衡量，不仅包括维持基本生存水平所需要的收入，也包括获得社会平均水平的教育、医疗保障所需要的支付能力，从而为贫困人口增强自身发展能力提供制度支持，实现从“生存型贫困线”向“发展型贫困线”的提升，是对现有扶贫开发机制的创新和卓越优化。特别是实施低碳发展战略，将会给贫困地区产业结构升级、经济社会协调发展、跨越式发展带来新的机遇，也给提高扶贫开发水平和成效带来新的理念、途径和机制创新，将会对开发式扶贫方式带来“革命性转变”。

总之，我们应当认识到贫困地区的发展不仅是简单的地区发展和一时的发展，贫困地区要在 2020 年实现“一高于、一接近、一扭转”目标，必须走出一条稳定脱贫、长效致富、共同富裕的包容性、可持续性的低碳发展道路，这也是李克强总理所说“绝不让贫困代代相传”的根本含义。因此贫困地区的低碳发展既是追赶，也是引领，是走出实现中国“五位一体”全面现代化发展的必由之路。

第三章　贫困地区低碳发展的理论分析

3.1　扶贫与低碳发展协调的理论基础

3.1.1　绿色经济与包容性增长

人类发展观的演变决定了人类发展的行为模式，绿色经济和包容性增长是扶贫和低碳发展的重要理论基础。2010年，联合国可持续发展大会第一次筹备会议将里约+20大会主题词之一定为："绿色经济在可持续发展和消除贫困方面的作用"。这标志着绿色经济成为可持续发展战略的核心要素。2010年，UNEP提出了绿色经济定义，"带来人类幸福感和社会的公平，同时显著地降低环境风险和改善生态缺乏的经济"。[①]这一定义目前也成为被广泛接受的绿色经济概念解释。包容性增长，是指社会和经济协调发展、可持续发展，与单纯追求经济增长相对立。包容性增长包括以下要素：让更多的人享受全球化成果；让弱势群体得到保护；加强中小企业和个人能力建设；在经济增长过程中保持平衡；强调投资和贸易自由化，反对投资和贸易保护主义。

绿色经济理论与包容性增长理论这两个概念的诞生意味着人类发展观的重大变化，发展目标从以往的单一经济发展开始向社会公平、人类发展和生态环境可持续方面全面发展。特别是这两个理论尤其强调"公平"与"消除贫困"与可持续发展的相互作用。他们认为强调社会系统的公平是遏制生态压力扩大，实现可持续发展的关键。这一导向下的理论认为规模和效率的冲突，实质是人类福利优先还是生态保护优先的顺序性冲突，但是这两者可以通过社会系统的公平发展进行调和。公平导向下的绿色经济理论认为导致目前生态压力持续扩大的主要原因，并非是单纯因为人类的经济增长和福利水平提高，更重要的是财富分布的极端不公。研究表明，只要用3%的粮食，就能让占当前全世界13%

① UNEP（United Nations Environment Programme）, "Green Economy: Developing Countries Success Stories", 2010, Nairobi, p. 5.

的营养不良人口免于饥饿，同样，要让当前 19% 还没有用上电的人口都摆脱能源贫困，代价只是让现有的二氧化碳排放增加 1%，但目前世界上一半的碳排放是由 11% 人口所造成。[①]因此，效率和规模导向下的绿色经济理论的冲突，事实上可以部分通过公平导向的绿色经济所解决，在保障人类总体福利提高的同时，不造成更大的生态压力。这也是目前绿色经济理论的新兴理论。正如 Danish 92 集团观点："没有公平，就没有绿色经济"[②]。而且，目前在财富分配中处于弱势的群体里潜藏着推动绿色经济的巨大动力。Saleemul Huq 就指出，在能源系统转变的问题上，处在快速发展中国家的二三十亿人将会成为主力军，落后贫穷的国家在其他国家的帮助下也将取得巨大的成就。[③]公平导向的绿色经济试图在理论上将公平或包容性变成与传统经济学中的"效率"同等重要的基本理念。强调绿色经济对于发展中国家的重要性，以及生态系统对于弱势群体的重要性。公平导向的绿色经济实质是希望构建出一种"三赢策略"政策：能够在兼顾环境与平等同时又能促进经济和人类发展。例如相关学者通过对于 1987 年的蒙特利尔议定书案例研究表明，三者的共存在恰当的政策框架中是可以实现的。[④]蒙特利尔议定书禁止人们使用消耗臭氧层的化学物质，从而促进可持续性（通过保护臭氧层）、平等（通过向发展中国家转让技术）和人类的发展（通过对健康产生积极影响）。

绿色经济和包容性增长聚焦社会系统的公平性。希望通过实现地区之间的和所有人之间的两个方面平等，以推动技术扩散，消除贫困人口等多方面措施，实现社会系统的可持续发展，并以此缓解经济系统和生态系统的持续冲突和矛盾，从而实现扶贫与低碳发展的有机结合。

① UNDP（United Nations Development Programme）, "Sustainability and Equity: A Better Future for All", Human Development Report 2011, 2 Nov. 2011, New York, p.20.

② The Danish 92 Group, "Building an Equitable Green Economy", report for the Danish 92 Group Forum for Sustainable Development, http://www.92grp.dk/cms/images/Fokus%20og%20Nyheder/Greeneconomy.pdf, Accessed 15 July 2013.

③ Saleemul Huq, "Climate and Energy", in Adil Najam and Henrik Selin（eds.）, Beyond Rio+20: Governance for a Green Economy, Massachusetts: Boston University The Frederick S. Pardee Center for the Study of the Longer-Range Future, Mar. 2011, p.66.

④ Barrett,S. "Rethinking Global Climate Change Governance", Economics3（5）, http://www.economics-ejournal.org/economics/journalarticles/2009-5, Accessed 15 July 2013.

3.1.2 环境公共性与排放外部性

碳排放问题本质上是一种生态环境问题，是一种具有非常典型意义的非竞争性和非排他性的公共物品属性。所谓非竞争性是指个体消费公共物品的边际社会成本或机会成本等于零，而非排他性是指一种公共物品可以同时供给一个以上的人联合消费，而排除他人消费这种公共物品是不可能的或者交易费用很高。因此，碳排放这一典型的全球性公共产品，会引起所谓的“囚徒悖论”。

由于现实中物质条件和利益结构的差异形成了各个主体意志的差异，受经济理性驱使，每个主体都首先根据自身利益最大化原则进行价值选择，从而导致对环境的多元化立场和态度，然而环境价值却必然要从整个人类和全球生态环境的角度来进行一元化的协调与合作，因此环境价值的一元性（即公共性）和利益主体的多元性之间便出现了各种复杂的矛盾。这两种反向的价值层面的诉求和选择反映在操作层面上，便形成了一种吊诡关系，行为主体各自深思熟虑的优势策略和理性行为却有可能导致集体非理性的后果，即个体利益的增进建立在对公共利益的侵蚀上，而这种侵蚀反过来又会逐步消减个体利益增进的部分。从世界200多个国家和地区各自的角度来看，最优的策略就是自己不减排，让其他国家和地区减排，或自己少减排，让其他国家地区多减排，其结果则是各国和地区都是受害者。其中，最主要的受害者是发展中国家和贫困地区，贫困地区更是最大的受害者[①]。

环境公共性意味着，针对温室气体排放问题，任何地区和任何个人都无法独善其身，全人类必须共同承担减排责任。对于任何地区而言，共同责任是基础，区别责任是共同责任基础上的区别，这一点应当成为共识。共同责任的物质基础是全球人类的共同家园，任何地区乃至个人的发展都以地球为支撑而存在着，所以每个地区和个人都对保护全球环境负有共同责任。这种责任不是单一的民族国家责任或地区责任，在一定条件或情形下，它是一种跨越地区界限的、全国性乃至全球性的以环境正义为基础的共同责任，不以政治作为承担责任的必然

① 研究表明，贫困地区与生态环境脆弱地带具有较高的相关性。根据环境保护部2005年统计，中国95%的绝对贫困人口生活在生态环境极度脆弱的老少边穷地区。同时，贫困地区应对气候变化的财政、技术和制度的能力也较弱，因此，这些地区是全球气候变化的高度敏感区，也是全球气候变化的重要影响区。气候变化将直接或间接加剧全球的贫困，其中直接致贫因素来自极端气候事件对人民生命财产、生活生产的基础设施等造成的损失，间接影响则来自于气候变化对农业条件和人们赖以生存的自然环境的改变。

前提。贫困地区不能以经济发展水平低、科学技术落后、专业人员匮乏等为由，逃避保护环境，减少碳排放的责任。若以经济发展为单一指标来要求发达地区来保护环境而贫困地区不承担责任是难以有效持久的，也难以达到环境保护的目的。但是共同的责任并不是相同的责任，共同责任并不意味着责任承担的平均与相等。从原理上说，我们要求承担的是一种公平的共同责任。因为任何地区都既有生态、人文需求又有物质需求，只是在一定条件下需求紧迫性不同而导致所应当负担的责任和履行方式不同。

而与环境公共性密切相关的即是排放的外部性，也就是西方经济学家常说的市场失灵问题。一般认为，应对市场失灵有国家干预和产权明晰两种解决方法。英国经济学家庇古（Arthur Cecil Pigou）认为，外部性的存在表明市场本身有其无法克服的内在缺陷，他由此主张通过国家干预来治理外部性问题，提出对造成负外部性者征税（也称庇古税）。而以英国经济学科斯（Ronald H.Coase）为代表的现代产权学派却提出了不同于国家干预的多条内在化途径，在他们看来，通过产权明晰条件下的市场本身就完全可以解决外部性问题。他们毫无疑问地相信，一切有用的资源如果被私有化了，就会得到合理的利用和保护。基于这两种思路，在实践上针对环境问题便形成了包括经济性规制和社会性规制的政策修正措施与强化私有产权为主要内容的制度修正措施。在一定程度上，上述修正措施抑制了外部性的发生，从而实现了对环境公共性问题某种意义上的突破。

3.1.3　历史排放差异与公平发展权

温室气体排放的历程是不一样的，但人类不同个体和不同地区应当具有同样的发展权。共同责任的核心在于“责任”的共同性与一致性，共同性要求所有地区都应当承担相应的环境责任，一致性表明地区的责任与地区的现状及能力应该是一致的，责任承担的起点与要求因地区状况而异，不但发达地区和贫困承担的责任“量”不同，而且种类也可以不同。

从效率与均衡的角度来说，尽管我们有共同的责任，但无论发达地区还是贫困地区都是既有物质需求又有生态、人文需求的，这样的需求如何度量，在何种情况或何种程度下更为迫切，若没有严格的度量或标准是很难具有说服力的。因此，我们必须对于共同责任的影响因素进行考虑。一般认为，这一责任的区别应当由两大标准进行区别，一是造成全球环境退化的责任轻重，二是地区技术及财政能力的大小。但是，这两个标准的适用仍然有问题，因为这两个标准产生了两类地区，而对全球环境退化造成较大压力或潜在压力的地区并不能简单地划分为两类，况且这种划分的标准与环境责任的实际履行能力可能并不一致，造成环境压力大的地区并不一定都是掌握技术和财政能力的国家，相反，有技术和能力的国家也不一定都给环境造成了很大的压力。如果“责任因何而异”是有区别责任的核心，则“有差异的责任如何构建”是关键。责任因何而异的问题关系到是否能够实现公平和保障效率。要求发达地区为其过去“错误”行为承担责任是欠发达地区提出并坚持的，但如果说发达地区应为过去的污染行为负责，那么欠发达地区是否也该为现在的或将来的污染行为负责？如果责任仅仅以“过去的过错”而异作为有区别的责任的支撑，则双方很难达成共识。因为，从基础上说，这一差异与责任的关联性，在法律上不具有很强的说服力，也与现行法律背景不完全符合。因此，我们还应当考虑到以效率为主导、以均衡为制度平衡点，并以此来建构共同但有区别的责任。均衡在一定条件下体现了公平与效率的结合，也体现了利益与责任的配比。鉴于地区责任确立的困难性与不确定性以及环境保护紧迫性，应以效率为主导，促进地区对环境保护的投入与履行。从目前不同地区温室气体减排积极性来看，给环境造成压力与环境责任履行能力不是唯一动因，环保积极性不可避免地与地区生态利益相关，对生态环境改善或保护后果依赖性较大的地区，积极性较高；反之亦然。所以，在具体地区责任确立上，环境需求的紧迫性、环境压力现实性的大小也是我们必须考虑的因素。因而，在国际环境保护中，我们不能简单地以发达地区、欠发达地区、贫困地区来进行区分，从而要求其承担何种责任，而是要充分考虑不同地区环境利益的大小及对环境压力的大小。这样一来，发达地区可以划分为：有环境责任能力且环境利益较大的发达地区、有环境责任能力但环境利益较小的发达地区；贫困地区可以划分为：有环境责任能力且环境利益较大的贫困地区、有环境责任能力但环境利益较小的贫困地区、无环境责任能力但环境利益较大的贫困地区、无环境责任能力且环境利益较小的贫困地区等；而落后国家也可以依照以上标准进行划分。然后，依据不同类型的地区要求其承担不同的环境责任，这样就可能更有目的和更有效率地落实共同但有区别的环境责任。总体来说，我们认为低碳责任的分配和区别应当衡量以下影响因素：

一是造成环境现状的原因。历史上看，贫困地区并非现有环境状况的造成者。相关研究表明，自工业革命以来，大气中四分之三的温室气体排放来源于发达地区。

二是环境损害有效预防的受益地区。贫困地区是环境损害有效预防的受益地区，但从绝对财产角度来看，发达地区由于单位面积生产总值更高，因此受益的经济总量更高。此外，在许多情况下，弱势群体一直都忍受着环境恶化造成的后果，而且这种情况还将继续下去，虽然他们的责任很小。例如，人类发展指数水平低的国家对全球气候变化的影响最小，但他们遭受的降雨损失却最严重，损失增加最多，并对农业生产和生活水平造成严重影响。

三是不同地区的经济实力和经济承受能力。贫困地区的经济承受能力较差。

四是治理环境与保护环境的实际能力与启动机制。贫困地区的启动机制与能力较差。

3.1.4　边际减排成本差异与生态服务价值化

生态服务是具有全国性乃至全球性的生态环境价值。从可持续性的观点来看，一定程度的生态服务是不可替代的，但并非是不可衡量的。温室气体的减排本质上也是一种生态服务，因此仍然是可以衡量的。

温室气体减排必然会产生相应成本。但不同地区温室气体减排成本也并不一致。总的来说，我们可以将温室气体减排的成本组成划分为三个方面：

一是从经济规模角度，这一维度的减排成本主要是单位温室气体减少所引起的经济产值的减少。在一定时期，为了减少温室气体的排放，会限制或减少总体经济规模。而由此产生的成本与单位经济产值所产生温室气体排放量互为倒数。即单位经济产值所产生的温室气体排放越低的地区，在同等规模的温室气体排放减少中所引起的经济产值减少的成本越高。

二是从技术应用角度，这一维度的减排成本主要是应用低碳新技术的费用和淘汰旧技术的固定投资资产等。在一定时期，为了降低温室气体的排放总量，必须采用更加低碳的新技术。而由此产生的成本主要包括新技术的应用成本和淘汰旧技术的沉没成本。

三是制度变迁角度，这一维度的减排成本主要是制度变迁所产生的费用。在一定时期内，为减少温室气体的排放量，必须采用更加严格的减排制度，而由此产生的成本主要包括制度变迁适应成本和克服既有利益集团阻挠的成本。

3.1.5 技术扩散与后发优势

后发优势是指，经济上相对落后的国家（地区）在经济发展中具有相对的后发优势，这一后发优势主要由技术扩散效应所导致。后发国家可以通过使用其他国家创造出来的大量知识实现相对较快的成长。

这一理论在低碳发展中同样具有应用前景。正向减排效应的技术进步可以有效降低碳排放量，拥有正向减排效应的技术的地区在温室气体减排中暂时居于领先地位，但减排技术相对落后的地区，受到技术扩散的影响，在减排中具有相对的后发优势。但是同经济上的后发优势同样，减排上的后发优势，有赖于新的减排技术的快速传播与应用。

中国作为工业化的后发国家，能够更加跨越式地走到技术、制度的前沿。在人类技术与制度进步的历史进程中，西方世界已经先于中国支付了数量巨大的沉没成本（可见或不可见的），这客观上为中国提供了很好的后发优势，使得中国所选择的绿色发展能够受益于后发地位所带来的蛙跳效应。此外，到目前为止，西方世界的发展模式已经严重被依赖并锁定，极难改良和改变。以美国为例，如果要从当前高消费、高排放的黑色发展模式切换到绿色发展模式，势必会造成民众生活水平的刚性下降；而中国由于现有国民平均生活水平相对较低，所以从传统的黑色发展之路走上绿色发展之路，主要是生产模式方面而不是消费模式方面的选择性跃迁，这一跃迁带给中国人民生活水平上的变化非但不是下降，反而是质量和内涵上的提升。

3.1.6 贫困地区脱贫路径与低碳发展目标的适配性分析

根据有关低碳发展的定义，我们认为低碳发展的核心特征有三：一是碳排放强度低，即单位产出的碳排放处于相对较低水平；二是碳排放规模小，即单位时间内的产业生产活动碳排放总量处于相对较低水平；三是经济发展具有可持续性，即经济主体间有可能建立协调共赢的利益关系。如果一种脱贫路径的作用效果有助于或不妨碍达成以上特征，即可认为该脱贫路径有可能助力贫困地区的低碳发展；反之则反。

表 3-1 脱贫路径与低碳发展目标的适配性甄别框架

类别	序号	脱贫路径	低碳发展核心特征		
			碳排放强度	碳排放规模	经济主体间利益可协调性
经济系统	1	加大投融资力度：为招商引资创造良好的投资环境；促进民间资本规范化有效利用；发展小额信贷扶贫	不变	提高	显著
	2	调整政府财政税收政策：调整财政支出结构；中央财政加大对贫困县的支持力度；健全财政转移支付制度；完善税收政策	不变	提高	显著
	3	充分发挥技术要素推动贫困地区产业发展：农业产业化经营；促进工业结构调整；大力发展第三产业；引进新技术，加强科技创新能力	降低	不变或提高	显著
社会系统	4	加大人力资本投入；强化基础教育建设；加大成人教育和职业教育的投入力度；完善社会保障体系，注重人力资本巩固	降低	降低	不显著
		加大医疗卫生投入和保障水平，加大贫困地区基本公共服务建设投入	不变	提高	不显著
生态系统	5	加强生态系统建设：通过大力发展林业改善贫困地区生态环境质量；促进现有生态资源保护性开发利用；在国家生态补偿机制保障下限制地区生态环境开发	不变	降低	不显著
	6	加大环境保护力度，关停高污染高排放产业	降低	降低	困难

注：灰色底纹区域中“提高”、“不变”和“降低”情况，系指其他要素不变的情况下，单独采取本措施寻求脱贫时的碳排放效应。

我们从经济、社会、生态三系统出发，将脱贫路径归结为 6 项，并对其单因子变化条件下与低碳发展目标的适配性做了分析（表 3-1）。分析显示：

从经济系统出发，旨在提高资本供给的投融资力度和提高政府财政税收优惠，则由于直接带来生产规模扩大而造成碳排放规模提高；从社会系统出发，旨在提高人力资本投入和保障水平的基本公共服务建设投入，则由于相应基础设施建设、人口活动范围的扩大、生活条件的转变和人均寿命的延长，形成碳排放强度和碳排放规模的双增长。

而同样是从经济系统出发，技术要素作用的发挥对碳排放强度与规模的影响情况尚不明确，究竟是造成碳排放的提高还是降低则取决于技术要素的属性。此外，从生态系统出发，由于环境保护和大规模植树造林能够有效增加森林碳汇，从而增加森林对碳排放的蓄积能力，因此能够促进碳排放规模的降低。

此外，6 项减贫路径所涉及的经济主体均包括政府、企业与社会。从全局和长远来看，三者的利益具有根本一致性，即迈向人类发展的更高水平；从局部和近期来看，可能存在央地关系、投入分摊机制、利益分享方式等具体问题，但通过协商，也均有可能得到妥善解决。所以，贫困地区脱贫与低碳发展目标之间并不存在不可调和的矛盾，只要处理得当，就能够实现“激励相容”。

3.2 贫困地区低碳发展的内涵

3.2.1 贫困的定义与内涵

贫困，是指对人类基本能力和权利的剥夺 。[①] 所谓“剥夺”是指人们无法获得本应享有的获取、掌握和使用能力的途径、机会和选择权，从而导致无法维持基本健康生存的需求。所以我们所认识的贫困绝不仅仅只是指收入的低下，而是一种由一系列相互关联的多维能力和权利缺乏共同组成的多重贫困。具体地说，我们可以将贫困概括为三个方面:

1）收入贫困

收入贫困即个人获取维持基本生产生活需要的物资资料能力的缺乏，主要表现为收入水平低下。收入贫困是人类最早认识的贫困 [②]，也是当前最受关注的贫困问题。对于收入水平低下，一般有两种解释方法：一是国际贫困线，根据世界银行标准为每人每天收入不足 1.25 美元；二是各国政府规定的贫困线，

---

① 阿玛蒂亚·森：Amartya Sen K. A Sociological Approach to the Measurement of Poverty: A Reply to Professor Peter Townsend [J]. Oxford Economic Papers, 1985, 37 (4) : 669 ~ 676. 此外，世界银行 2001 年发布的《世界发展报告》指出：贫困是“对福祉的显著剥夺”.

② 马尔萨斯等。

例如我国 2011 年将农民人均纯收入 2 300 元作为新的国家扶贫标准，比之前的 1 196 元提高了 92%，但换算后约等于每天 1 美元，还是低于世界银行的绝对贫困线日收入 1.25 美元的国际标准。收入贫困是引发贫困问题的最主要因素，在大部分时候也是引发其他贫困的重要原因。

2）健康贫困

健康贫困即个人享有基本健康生活能力的缺乏，包括营养不良、较短的预期寿命、身体健康水平的低下和缺乏抵抗可预防性疾病的能力。阿玛蒂亚•森（Amartya Sen）认为，贫困问题反映的不是一个人所拥有的资源，而是他能否有效地利用这些资源以满足自己的基本需要。以阿玛蒂亚•森的观点看来，贫困本质的解释不能以经济资源占有的多寡为标准，而是应该从多维度的方面看，包括健康、长寿、体面和自由自尊以及别人的尊敬等基本人类福利机会的剥夺，在这些维度中，健康贫困是一种普遍存在的贫困问题。健康一方面是人的一项基本权利①，同时健康贫困也与收入贫困和知识贫困密切相关，因病致贫、返贫等问题目前已经成为扶贫工作的关注重点。

3）知识贫困

知识贫困即获取、吸收和交流知识②能力的匮乏或途径的缺乏，表现为人力资本不足、受教育水平低下，获取信息能力缺乏等。知识贫困相对较晚被人类认识，是一种更深层次的贫困表现。知识贫困是人类精神状态的直接影响因素，会导致个人生活水平的直接下降。另一方面，虽然知识贫困对于人类的身体状态和物质占有并无直接影响，但却是影响人类发展能力，创造财富能力，乃至身体健康能力的最重要因素，是影响人类贫困的深层面重要原因。目前，对于知识贫困的治理，已经成为下一个十年全球扶贫事业的重要关注点。

需要指出的是，三类贫困之间不是互相隔离、相互独立的，而是相互联系、相互作用的。目前中国尚未完全消除收入贫困问题，也还面临着不容忽视的人口健康贫困和知识贫困问题。在新的世纪，我们面临的不是一种贫困，而是相互关联的多维贫困问题。无论是哪一种贫困，都是对人类基本权利的剥夺，而消除贫困就是对人类基本权利的保障。

---

①《世界卫生组织宣言》。

② 这里的知识是广义的，包括科学与技术、教育与培训、信息与网络。

3.2.2 贫困地区的定义和内涵

贫困地区通常是指贫困人口相对集中的地区。贫困地区中有较多的社会成员生活水平低下、发展机会相对匮乏以及发展能力不足。贫困地区的贫困不仅体现在社会成员个体基本能力的匮乏上，同时也呈现在地区总体性特征上。具体地说，可以将贫困地区的特征概括为三个方面：

1）经济贫困

贫困地区经济发展水平较为落后，总体上看，贫困地区的经济总量不足，生产效率不高，技术水平落后。许多贫困地区的粮食不能自给，要依赖于从其他地区调进粮食才能维持基本的生存需要；许多地区的工业极不发达，农用生产资料和工业生活消费品的自给程度很低，农业生产和人民生活必需的大量家用生产资料和消费资料要依赖其他地区的输入；贫困地区输出的产品主要是初级产品；贫困地区的财政不能自立，长期依赖国家补贴。财政难以自立，必然导致区域政府推动发展的努力减弱。

2）社会贫困

贫困地区社会发展水平较为落后，主要反映在基础设施、教育水平、卫生文化水平和管理水平方面。在基础设施方面，贫困地区的水资源严重不足，造成牲畜饮水困难；电力设备短缺，电率低，甚至还有许多无电人口分布在内蒙古东部、陕甘宁、豫东皖西、贵州、滇桂、川青、西藏等，这些全部都在中西部贫困地区。在交通上，广大边远贫困山区，尚有1/2～2/3的乡村不通公路，物资交流和商品输出十分困难。另外，在教育方面，贫困人口大多数居住分散、偏僻，办学条件差，教育设施落后，加之贫困户生活困难，无力支持子女上学，适龄儿童失、辍学率较高，青壮年文盲比例偏大。卫生水平差，孕产妇死亡率和婴儿死亡率指标大大高于发达地区。

3）生态贫困

贫困地区生态环境相对恶劣，比发达地区更多地面临着生态系统脆弱、污染严重等生态环境问题。贫困地区多处于生态条件差的区域，主要在西北、西南，呈块状、片状分布在高原、山地、丘陵、沙漠、喀斯特等地区。这些地区或是干旱严重，降水量小又主要集中在夏季；或是地表水源不能利用，喀斯特地形地表水渗透严重；或是高寒阴冷，有效积温严重不足，不适合农业的耕作；或是山高坡陡，水土流失严重，旱、涝、冻、风、沙等灾害频繁不断。进入21世纪以来，随着气候变化问题的逐步凸显，气候贫困已经成为生态贫困中的重要表现类型。在此，我们将气候贫困定义为基本生存环境的贫困。它是由于全球气候环境的变化导致自然条件恶劣，特别是自然灾害的频发，而造成人们基本生存权利被剥夺的贫困现象。这类贫困不仅是全球气候变化负外部性的受害者，而且也会加剧生态环境的破坏。据乐施会《生存的权利》报告（2009年4月22日），从1980年以来，已有6 500起气候相关的灾害。预计到2015年底，全球气候危机影响的人数将增长54%，即达到3.75亿人。

3.2.3　低碳发展的定义和内涵

对低碳发展的理解有狭义和广义之分。狭义的低碳发展强调的是对碳排放的控制，旨在将温室气体排放降低到一定的水平，以防止世界各国及其国民受到气候变化的不利影响，并最终保障可持续的全球人居环境。广义的低碳发展强调的是人与人之间、人与自然之间的和谐，要以积累生态财富和增加人类绿色福利为根本目标，通过构建一种低能耗、低排放、低污染和高效能、高效率、高效益为特征的经济增长模式，大力发展低碳产品、低碳技术、低碳能源，创新低碳绿色消费方式，实现对温室气体排放总量的有效控制，推动经济产出增长与温室气体排放增长逐步脱钩，最终走出一条经济、社会、生态三位一体的新型发展道路。

广义的低碳发展有如下几个特征：

首先，低碳发展是一种人与自然和谐相处的发展模式。传统发展模式的思想根源是人类中心主义，将自然视为被征服与被掠夺的对象，将人与自然相互对立，被动地适应自然的限制条件。而低碳发展视人与自然为不可分割的系统；要求人类主动把握自然的发动因素，顺应自然、益于自然、反哺自然。

其次，低碳发展是一种自律式发展模式。低碳发展着眼于处理人与自然之间的关系，从对自然的掠夺性、肆意性变为和谐性、自律性，从以往的经济中心主义和单纯经济利益导向发展转变为对于生态社会经济的全面衡量和对于社会人类自然的全面尊重。

最后，低碳发展是一种注重全面和持续的发展模式。低碳发展要求建立在绿色市场和合理消费的基础之上，实现经济、自然和社会系统的全面、协调和持续发展。从传统发展到低碳发展要求经济系统从增长最大化转向净福利最大化，自然系统从生态赤字转向生态盈余，社会系统从不公平发展转向公平发展。低碳发展在价值层面不再盲目追求人类发展的物质层面速度与总量的积累，而是更注重于长期的发展质量和环境生态效益。

3.2.4 贫困地区低碳发展的基本内涵

贫困地区的低碳发展既具有低碳发展的一般性内涵，还面临其独有的背景和挑战，因此，既要追求一种经济、社会、自然统一协调的发展模式，还必须走出一条创新跨越式发展道路。

贫困地区低碳发展的根本目标是全面消除贫困，实现经济社会自然综合发展。全面消除贫困，不仅要求消除收入贫困，也同样要求消除健康贫困和知识贫困，这一方面要求贫困地区采取有效措施发展生产力，提高贫困农户自我积累、自我发展能力，进而提高其收入水平；另一方面要求贫困地区采取有效措施为贫困人口提供基本公共服务、扩大人力资本投入，改善地区生存和发展环境，提高贫困人口健康及受教育水平。要实现这些目标，需要在确保贫困地区经济总量逐步增长的同时，推动经济增长质量有效提高，加强水利、交通、电力、通讯等基础设施建设，大力发展科技、教育、卫生、文化事业，改善社区环境，提高地区生活质量。同时，要注重资源保护和生态建设，实现资源、人口和环境的良性循环，增强地区可持续发展能力。

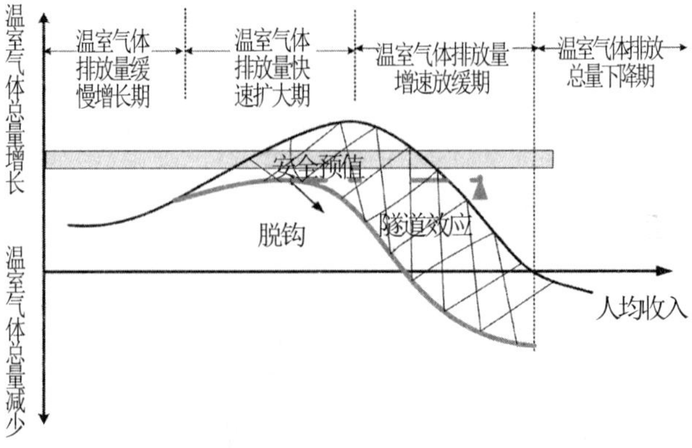

图 3-1　贫困地区低碳发展阶段图

从传统发展理论上看，贫困地区的低碳发展可大致分为四个时期：

1）第一个时期：温室气体排放量缓慢增长期

在贫困地区发展初期，农业仍然占据地区的主要经济生产方式，贫困地区人口主要通过农业生产维持基本生计，以小农生产方式维系基本生活需求。这一时期，贫困人口规模巨大，覆盖范围广泛，贫困深度极高，而随着人口的增长，人类在维持经济系统和社会系统缓慢扩大的同时，也开始破坏自然系统，并由此带来温室气体排放的缓慢增长。这一时期温室气体排放增长主要是由于人口规模的增长所带来的。

2）第二个时期：温室气体排放量快速扩大期

在贫困地区发展中期，工业生产逐步代替农户耕作和传统手工作坊，工业逐步取代农业成为地区主要经济生产方式和贫困人口的主要经济来源，贫困人口开始逐步转向工业生产维系基本生产。随着地区经济发展、人类发展指数和基本生活水平的提高，贫困人口规模开始缩小，贫困深度有所缓解，但与此同时，由于工业批量生产消耗大量的化石能源，导致温室气体排放量迅速扩大。这一时期，温室气体排放增长主要由经济规模的快速扩大和产业结构的变化引起。

3）第三个时期：温室气体排放增速放缓期

在贫困地区发展后期，新型工业和第三产业逐步成为地区生产的主要方式，地区发展和扶贫事业进一步深入，地区经济逐步发展，人类发展指数进一步提高，贫困人口大幅减少，温饱问题全面解决。而随着科学技术进步和文化知识水平的提高，居民发展需求的变化，地区开始逐步修正自己的生产生活方式，实施可持续发展、保护环境、节约资源。这一时期，由于新型生产技术的应用、生产效率的提高和产业结构的变化，地区温室气体排放增速逐步放缓。

4）第四个时期：温室气体排放总量下降时期

这一时期，贫困地区已经完全解决贫困问题，地区群众进入到人类发展指数更高阶段，开始进入全面小康时期。地区开始注重生态文明建设，全面使用气候友好型的生产方式，真正实现人与自然的共赢，生态账户趋于平衡。此时温室气体排放与人力发展指数和地区发展全面脱钩，同时随着生态环境的改善和新的生态治理技术的应用，温室气体总量开始由最高值逐步下降。

从贫困地区低碳发展的阶段性特征还可以看出，人与自然之间的关系，不仅取决于人类所处发展阶段和发展水平，更取决于发展模式和发展道路的选择。由于自然系统的承受度与容纳度是有限的，气候变化已经一再为世界敲响警钟，作为后发的贫困地区已经不能再选择传统发展模式，而只能选择低碳发展的跨越式发展道路，在相对低的地区发展水平和人类发展阶段上提前进入温室气体排放缩小或温室气体总量减少阶段，实现隧穿传统地区发展的库兹涅兹型曲线。走低碳发展的道路，不仅能够令贫困地区温室气体赤字峰值显现更早，高峰幅度相对更小，还能大幅降低系统的总体累积损失（图 3-1）。

3.3 脱贫与低碳发展协调推进的基本要求

一般的经验认识是，地区经济在起步阶段，往往难以在把握发展机遇、追求发展速度的同时，兼顾发展质量。其常见情形就是重污染、高排放企业向中西部地区转移，以及普遍存在的“先污染，后治理”现象。因此，贫困地区脱贫的传统逻辑是：在经济增长一元化追求驱动下，办产业、建企业、上项目，实现居民收入增加、消费水平提高，进而脱贫。但是，在低碳战略制约存在的形势下，贫困地区脱贫的逻辑发生了转换：①驱动力二元化，由过去的单一经济增长转为经济增长和节能减排并重；②手段更加绿色、更加关注环境外部性；根据绿色标准对办什么样的产业、建什么样的企业、上什么样的项目进行选择，而不是不惜代价、盲目引进；③结果更加美好，除了居民实现经济上脱贫之外，还要维护良好的生态环境，为国家全局的碳减排作出生态贡献。对贫困地区来说，人民群众的温饱问题尚未完全得到解决，现阶段最大的任务是怎么在提高生产力和经济效益的前提下减控碳排放量，也就是要求经济发展和低碳转型并重，这意味着比其他地区更大的碳减排压力。

低碳战略施加于贫困地区发展的约束通过两方面体现：一是宏观政策，二是微观政策。宏观政策方面，党的十八大报告和国家“十二五”规划都明确提出坚持科学发展，加快转变经济发展方式，鼓励和支持低碳产业发展，这就从根本上提出要扭转传统发展路径，倒逼实现绿色发展和低碳发展。微观政策方面，当前我国低碳发展的政策体系尚处在初步探索阶段，未形成完善严密的政策体系。一方面，政策的缺位导致对贫困地区低碳发展实践的支持力度有限，优惠、补贴等措施不足以有效抵消低碳发展所需的巨大投入；另一方面，无法可依、无规可循的局面又在相当程度上降低了贫困地区选择传统发展方式的成本，使得贫困地区对传统发展路径的依赖性和走发展老路、图短期利益的侥幸心理难以完全戒除，影响了贫困地区经济发展的质量和可持续性的实质性提升。鉴于以上分析，贫困地区在加快脱贫和低碳发展的过程中，要综合考虑、协调推进。

3.3.1 低碳与发展共进

贫困地区低碳与发展共进，是指“低碳”与“发展”的共进。中国三十年来的扶贫工作历程充分说明，贫困地区的扶贫工作必须依靠发展，只有在发展的过程中才能解决贫困地区所面临的各项问题。无论是贫困地区的经济问题还是社会问题归根到底仍然是发展水平的问题。因此，在贫困地区消除贫困问题之上，仍然要牢牢握住发展这一核心要义。贫困地区的低碳本质上仍然是一种发展模式的变化，而不是对发展本身的否定。因此低碳发展，其目的不是限制发展，不是降低贫困地区的扶贫力度，也不是要求降低贫困地区的生活水平，而是根据不同情况对于贫困地区的发展方法、发展目标加以低碳约束的调整。

在低碳与发展共进中，仍然需要明确发展是核心。贫困地区的低碳发展政策必须以增强贫困地区人口提高收入的能力和机会为核心，充分保护生态环境，以实现贫困地区发展和低碳共进的最终目标。

3.3.2 政府与市场相结合

贫困地区政府与市场相结合，是指走向低碳发展必须依靠政府与市场共同作用，二者相辅相成，共同促进低碳与扶贫目标的实现。

贫困地区的扶贫与低碳都具有一定的公共物品属性，传统的以效率导向的市场调节无法完全解决低碳发展问题。例如按照市场配置资源自发运行的结果，则贫困地区中处于相对贫困的群体最具有“经济开发”的比较优势，处于边缘贫困的群体次之，而处于绝对贫困的群体，由于完全处于传统农业的经济均衡之中，发展商品生产、进入市场并摆脱贫困的难度最大。一方面，如果完全根据效率导向市场调节原则内在规律的作用，绝对贫困人口这一扶贫工作的重点对象将在扶贫开发工作中处于极为不利的地位。另一方面，低碳目标作为一种环境目标，具有极强的外部性等问题，市场由于内在的信息不对称性等问题无法有效在市场成本—收益衡量中纳入低碳约束。此外，由于贫困地区的市场发育程度较低和基础设施较不完备，市场的调节能力仍有待完善。因此，贫困地区的低碳发展不能完全依靠市场调节，必须注重加强政府主导作用。这就要求各级政府对本行政区域内低碳扶贫开发工作负总责，把低碳扶贫开发纳入经济社会发展战略及总体规划。实行扶贫开发和低碳目标的双重责任制和考核评价制度。

贫困地区的低碳发展也不能离开市场的决定性调节作用，必须要注重并且承认市场这只看不见的手在经济运行过程中对资源的配置与利用的调节作用。单纯依靠政府或者市场调节的作用，进行发展与低碳目标的实现，都可能会造成资源的大量浪费和弃置。

实现贫困地区扶贫与低碳的共同发展既要依靠“看不见”的市场之手自发的调节，同样也要依靠“看得见”的政府之手的主动调节，两只手共同并用、相互补充、相互配合，同时利用两大优势，发挥两个作用：市场经济点石成金的激励功能，推动大规模的低碳投资、高速度的低碳创新、繁荣的低碳经济；政府之手的有力干预，加速黑色经济的退出与淘汰，约束过度消费、黑色消费，提高低碳创新、低碳经济的边际效益，进而全面促进扶贫和低碳工作的完成。

3.3.3 坚持多样性发展

贫困地区低碳发展多样性，是指贫困地区的低碳发展模式不能完全一致，应当按照各个地区的资源禀赋、发展能力、发展方向、发展方式因地因时制宜。

对贫困地区来说，由于在资源禀赋、发展能力、发展方向、发展方式上与发达地区存在较大差距，更需要低碳发展政策的倾斜和重点考虑。首先，我国当前的低碳发展政策虽已涉及了经济、社会发展的各方面，对全国的低碳发展具有普遍的指导意义，但绝大多数减排行动还集中在与工业相关的领域，针对广袤的农业区域和庞大农村人口的节能减排和低碳行动还较为缺乏。其次，低碳发展政策与如何促进贫困地区发展联系不够紧密，也没有专项内容涉及如何改善受气候变化影响最大的贫困人口的适应能力，以及如何提高贫困地区减缓气候变化的能力等。此外，低碳发展政策对贫困地区的特殊关注也不够，尚未明确体现扶贫内容，如何实现区际间的补偿也还不到位。目前来看，一些地方仍然存在“一刀切”的现象，扶贫规划来自上级部门而不是自下而上地进行设计，不能切合当地实际。从低碳发展角度看，更要避免这种“一刀切”的问题，因为不同地区在发展阶段、特点、已有基础、区位优势等方面会有很大差距，如果不采取有针对性、符合当地实际和地方特色的扶贫措施，不仅扶贫效果会大打折扣，造成资源的浪费，还会影响本地区的未来发展空间，一些低碳发展机遇也会由此丧失。

低碳发展多样性原则的根本目的立足于发展地区自身的资源特征，合理确定该地产业结构和发展规模，建立更适应当地生态的地区发展模式。

3.3.4　兼顾成本与收益平衡

贫困地区发展成本收益平衡，是指贫困地区的低碳发展必须保持成本和收益的平衡，既不能不顾一切地降低温室气体排放，造成生产的全面退后，也不能完全忽视温室气体排放造成的各类成本，只注重经济的发展。

这里尤其需要注意的是低碳发展的成本，由于低碳发展的产出往往不是能直接看到的经济利益，而是需折算成社会经济效益值，所以低碳发展所进行的结构转型和技术调整的成本不能孤立地去算账，也不能急于求成、一哄而上。以低碳技术为例，技术的发展一般要经历这样的过程：发展阶段投入大，产出小，但随着技术的逐渐成熟，技术带来的利益也会增加。因此在技术发展的前期，我们可以从财政等方面给予大力支持，但在技术推广方面，不要太急于求成，而且技术的更新换代往往会因资金的问题大大放缓。

3.3.5　确保目标可行

贫困地区低碳发展目标可行性包含两层含义，其一是总体目标的可行性。贫困地区基础薄弱，如果目标设定过高，将使我国贫困地区为之付出巨大的经济和社会成本，目标设定过低，则无法起到控制碳排放和促进产业结构调整的作用，因此，科学制定减排目标对我国及各级政府进行低碳转型提出了极高的要求。其二是贫困地区减排目标的分解和分置，如果低碳减排目标在贫困地区内部分解和分置不够完善，可能会影响目标的完成，甚至会导致经济社会的整体倒退。

大体上我们可以将贫困地区的低碳目标分解为三个部分。近期目标：实现低碳技术快速或者跨越式发展，温室气体排放显著降低和可控；中长期目标：以低碳技术为核心的产业结构转型促成经济结构调整，使经济的发展与碳排放脱钩，形成低碳生活和低碳消费的社会风尚；远期目标：资源综合利用程度较高、环境保护成为社会常态，最终达到人与自然和谐共存和永续发展。眼下我们看到，推动低碳转型面临的主要问题仍然是技术瓶颈，因此，促进低碳技术实现手段的跨越式发展，辅之以更多有效减排方式，使得温室气体排放强度显著降低和可控是我们的迫切目标；随着低碳技术逐渐取代现有的高能耗技术，以低碳技术为核心的产业结构转型将强力推动经济结构调整，将有可能使经济的发展与碳排放脱钩，形成低碳生活和低碳消费的社会风尚；经过长期的转型过程，最终形成环境友好型和资源节约型的经济社会体系。

3.3.6 坚持责任分置与利益分享

1）低碳的责任分置

对于低碳责任分置应当遵循公平但有区别的责任原则。低碳责任的分配应当遵循公平原则。所谓公平原则是指依据人类共同的发展权利对于低碳责任进行分配。分配的基本根据有如下两方面：一是历史排放问题，二是人类发展水平问题。历史排放问题是指从整个人类维度看，温室气体的历史累积量应当由不同地区根据历史排放量进行分配。从这个角度看，贫困地区的历史排放相对较小，因此贫困地区的低碳责任配置相对较小。人类发展水平是指根据一般公平的原则，能力越大的地区相对承担的责任也越大。从这个维度看，发达地区由于经济发展水平高，减排技术与能力强，发达地区的低碳责任配置应当相对较高。

2）低碳的目标分置

低碳目标的分置应当遵循效率但有区别的责任原则。低碳目标的分配应当遵循效率原则。所谓效率原则是指根据地区减排边际成本的差异和地区减排的边际收益对低碳目标进行分配。分配的基本依据一是地区边际减排成本。从地区边际成本来看，贫困地区的单位产值较低，路径锁定效应较低，因此减排空间更大，低碳目标相对较大。从地区减排的边际收益来看，低碳减排的收益因地而异，由地区单位经济强度和生态效应共同决定。相关研究证明，贫困地区多处于我国生态薄弱区和生态关键区，因此温室气体效益对此地区的破坏也越大[①]。但是发达地区的经济强度相对较高，因此地区减排的收益应当有综合考量。综上所述，低碳减排的效率应当由低碳收益减去低碳成本，因此我们可以将低碳减排目标相对较低的地区称为减排非关键区，低碳减排目标相对较高的地区称之为减排关键区。

3）低碳的利益分享

总体来看，低碳配置责任和低碳减排目标形成了一个二维矩阵。从整体社会目标来看，我们认为低碳减排目标应当优先满足完成，即在减排关键区，减排目标应当优先完成。由于低碳责任配置问题，低碳减排目标与责任配置并不对应，这表现在贫困地区的减排关键区的低碳责任配置较低，而发达地区的减排非关键区低碳责任相对较低。为解决这一矛盾，需通过生态服务价值化将这些地区联系在一起。

具体来说，就是在优先完成低碳减排目标的基础之上，以资金和技术换取责任配置的均衡，各个地区的责任配置如下：对于贫困地区的生态非关键区，严格实现低碳目标，可以以多种形式出售低碳等生态配额；对于贫困地区的生态关键区，严格实现低碳目标，为全国提供公共生态产品，并通过资金等方式给予补偿；对于发达地区的生态非关键区，严格承担低碳责任，但可以购买低碳生态配额；对于发达地区的生态关键区，必须严格实现低碳目标。

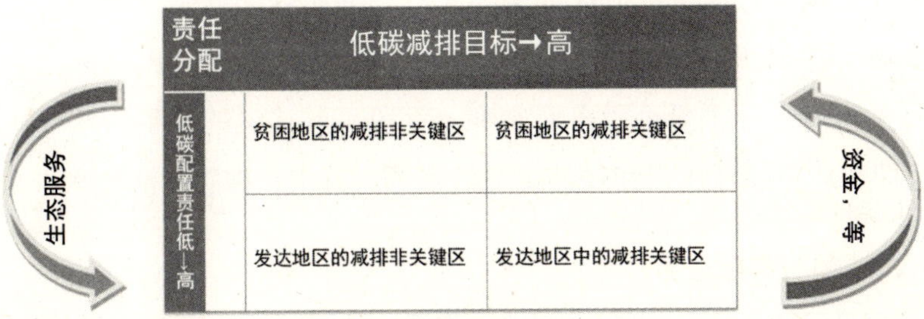

图 3-2　低碳责任配置方法

① 例如青藏高原在全球气候变化中处于特殊地位，是全球气候变化的敏感区，50 多年来，青藏高原气温显著上升，直接影响青海、西藏等区域强对流过程明显增多，雪灾、冰雹等气象灾害明显增加，贫困人口返贫率升高；间接使得整个亚洲和北半球亚洲季风区域变化，甚至可能形成越来越严重的“南涝北旱”，影响人们的基本生产和生活。参见：新华网：《全球变暖导致青藏高原气候出现显著变化》，2007 年 12 月 12 日。

3.4 贫困地区低碳发展的路径梳理

亚当•斯密、马尔萨斯、纳尔逊等西方经济学家提出了有关贫困的多种理论，将贫困成因主要归结为劳动力供给量过大、人口数量过大、资本匮乏、低国民人均收入水平、较低技术水平或上述各因素非良好状态的不同组合。但贫困本身的复杂性决定了本研究还需进一步对贫困问题进行细分。

3.4.1 脱贫路径两个维度：生产与生活

我们认为，贫困地区的“贫困”系指两方面的贫困，即社会生产上的贫困和社会生活上的贫困。其中：

社会生产上的贫困系指贫困地区局部社会生产的总体低水平。这里的社会生产活动包括物质性产品的生产和服务性产品的提供。其中，物质性产品系指主要是以实物形态表现的各种实物性产品，[①] 该方面的低水平主要包括产品的低产量、生产过程的低效率和生产工艺的低技术水平；服务性产品系指不具有实体而以各种劳务形式表现出来的无形产品，如旅游业、信息咨询、法律服务、金融服务等，包括以设备为基础的服务产品和以人为基础的服务产品两部分，具有无形性、不可分离性、易逝性、可变性、相互替代性等，其发达水平是衡量经济结构高级程度的重要标志。

社会生活上的贫困系指贫困地区人口普遍所处的低生活水平。贫困地区脱贫，本质上是要解决贫困人口低生活水平的问题，提高贫困地区社会生产的能力只是手段（一种主要手段，而非唯一手段）。这里的低生活水平同样包括两方面，即物质生活低水平和精神生活低水平。其中，物质生活低水平系指食品、

① 与物质性产品生产相对应的销售即为货物贸易。根据联合国秘书处 1950 年起草、1974 年修订的《联合国国际贸易标准分类》（United Nations Standard International Trade Classification, SITC），国际货物贸易共分为 10 大类、63 章、233 组、786 个分组和 1 924 个基本项目。这 10 类商品分别为：食品及主要供食用的活动物（0）；饮料及烟类（1）；燃料以外的非食用粗原料（2）；矿物燃料、润滑油及有关原料（3）；动植物油脂及油脂（4）；未列名化学品及有关产品（5）；主要按原料分类的制成品（6）；机械及运输设备（7）；杂项制品（8）；没有分类的其他商品（9）。在国际贸易统计中，一般把 0 ～ 4 类商品称为初级产品，把 5 ～ 8 类商品称为制成品。

衣着、住房、交通等物质条件的低水平。[①] 精神生活低水平系指精神层面的、相对于物质生活而存在的一切意识活动及意识现象的低水平，主要表现包括地区文化土壤贫瘠、文化观念淡漠及文化产品单一或低层次等。

社会生产上的贫困与社会生活上的贫困两者不是孤立的，而是存在着密切的联系。

1）较高水平物质生活的存在和发展需要依托三方面基础

第一，人类社会生存的良好自然条件，即地理环境。这是人类社会存在和发展经常性的必要条件。第二，社会存在和发展适宜人口条件，指一定数量、质量和密度的人口。人类社会是由人和人的活动组成，人口素质的高低、数量增长的快慢，对社会发展能起加速或延缓的作用。第三，社会物质资料的生产方式，它是人们在生产物质资料过程中所结成的一定的方式。任何社会的物质生活条件主要都是由这三方面组成，它们互相作用、相互制约。其中，物质资料的生产方式是最主要的，自然条件和人口条件只有通过物质资料的生产方式，才能对社会的存在和发展产生作用和影响，只有它决定着整个社会的面貌；贫困地区的物质性贫困，归根结底在于物质资料生产方式的落后。

2）较高水平精神生活与物质性生产的关系

“仓廪实而知礼节”，中国长期以来的现实是，在贫困地区人口当中多见的愚昧落后、封建迷信等“精神贫瘠”症状，在很大程度上是由于其薄弱的物质生产基础造成的。正是由于低水平物质性生产造成的地区经济实力孱弱，人口需求层次往往停留在生存需求层面，难以形成有效的精神生活需求，更难以集聚优质文化资源、创新精神文化产品，从而出现了“物质贫穷—精神落后—物质贫穷”的恶性循环。

从上述有关贫困的讨论来看，贫困地区改变贫困状态的“正路”是实现广泛意义上的“脱贫”，即以“双管齐下”方式，同时消除社会生产上的贫困和社会生活上的贫困。对此，本研究提出通过贫困地区经济、社会与生态三个层面上的全面建设实现贫困状况的改变：在经济上，通过资本、劳动和技术等经济发展内生性要素的集聚，推动地区经济起飞；在社会上，通过建设覆盖住房、教育、医疗、社会保障等各项内容的较高水平基本公共服务体系，促进地区社

---

① 人民网：《如何界定小康标准》，2002 年 11 月 28 日。链接见：http://www.people.com.cn/GB/shizheng/252/9483/9694/20021128/876917.html。

会发展；通过植树造林、荒漠化治理、碳和污染物减排等环境影响方式，明显改良地区生态环境，巩固地区可持续发展的自然基础。上述经济、社会和自然系统联动脱贫的思路反映了脱贫的深层次含义，即实现贫困地区人类发展水平[①]各项指标的均衡提高，因而具有内涵上的全面性和对于以人为本发展理念的一致性。

3.4.2 贫困地区脱贫路径的归纳

贫困地区脱贫从而实现贫困地区人类发展水平的提高，是贫困地区发展的根本目的。低碳发展则是对贫困地区脱贫方式的一种约束，如果一种发展方式低碳而无法帮助脱贫，那么“低碳”也仅仅是一件华丽的外衣。为此，本部分广泛梳理了研讨贫困地区脱贫问题的国内外文献，按照经济、社会和生态三系统的框架对不同层面、不同内容的脱贫路径进行归纳，对实现地区脱贫的主要思路以及不同思路下的具体做法作了总结，以便在下文中以是否具备或可能具备低碳特征对各脱贫路径进行甄别，进而探讨其适配低碳发展目标的可能性，最终形成有助于实现低碳脱贫的“方法库”。

脱贫的直接表征是地区人口收入水平的普遍提高。为实现这一点，一方面需要上级政府为贫困地区赋予经济“造血”功能，在贫困地区建设能够带动区域经济增长的物质生产部门，另一方面，如果贫困地区具有重要的生态功能，不适宜或无法进行大规模经济发展及环境改造，则须上级政府或中央政府发挥“输血”功能，对该地区进行“生态补偿”，以国家财政补贴形式支付地区限制发展的机会成本，以国家转移支付的方式为当地人口提供较理想的收入。

1）经济系统的脱贫路径

如何为贫困地区经济赋予“造血”功能，通过区域经济发展实现脱贫？这需要从经济增长的内生性要素即资本、劳动和技术三方面进行讨论。

首先从资本要素视角看，资本是经济发展的根本驱动力，劳动和技术的作

---

① 人类发展水平系指通过人类发展指数 HDI（Human Development Index）来反映的国家或地区经济社会发展综合水平。人类发展指数是由联合国开发计划署（UNDP）在《1990 年人文发展报告》中提出的，用以衡量联合国各成员国经济社会发展水平的指标。人类发展指数是在三个指标的基础上计算出来的：预期寿命，用出生时预期寿命来衡量；教育程度，用成人识字率（2/3 权重）及小学、中学、大学综合入学率（1/3 权重）共同衡量；生活水平，用实际人均 GDP（购买力平价美元）来衡量。

用必须通过资本进行购买。因此，贫困地区脱贫路径在经济上的一个重要方向就是加大投融资力度，加强贫困地区招商引资（专栏 3-1）。

专栏 3-1　贫困地区如何加大投融资力度，促进招商引资

第一，为招商引资创造良好的投资环境。贫困地区往往处于内陆，各种条件无法和沿海发达地区相比较，产业基础薄弱，普遍存在公共基础设施较差的现象，水电供给、公路铁路交通运输和通信不便，而且贫困人口科学文化素质水平往往相对较低，思想守旧，这都是阻碍外商和资金进入的因素。政府应提高其工作能力和效率，完善贫困地区的各项公共基础设施，加强招商引资配套优惠措施的实行，制定区位倾斜政策并发掘地方特色，为投资商找到收益点。同时，也要对贫困人口的思想观念进行教育，提升其文化素质，加强配合和利用外商投资的能力。政府还应通过税收优惠、降低监管费和颁发奖励等方式来吸引金融机构的投资，积极负责地对地方金融市场进行宏观调控，创造适宜的投资环境。

第二，促进民间资本规范化有效利用。根据国际农业发展基金的研究报告，中国农民来自非正规市场的贷款大约为正规市场的 4 倍，如果能对这些民间资本和地下融资市场进行组织和规范，将能更好地利用这些闲散资金对贫困地区进行投资，同时能优化资金的运用途径，进行更加合理的资金优化配置。另外，贫困地区的民营企业和中小企业往往由于有比较大的借贷风险、管理较为困难的特点而让金融投资机构敬而远之，难以获得充足的发展资金。这就需要建立完善的企业担保机制，能给这些企业提供担保服务，更好地吸引资金投入。

第三，发展小额信贷扶贫。小额信贷能够对贫困人口的基本资金需求给予很大的满足，而且分期还款的机制能为贫困人口的资金周转提供便利。小额信贷在筹资上只靠政府投入还是远远不够的，更要依靠各种社会渠道来进行筹资。在贷款项目和用途的筛选上既要发挥市场的调节作用，又要进行严格的把关，针对贫困地区实际所需加强资金的使用效率。政府要对小额信贷进行法律规范，以立法方式来保障小额信贷的安全性和风险，促进其扶贫效果。

借力资本（资金）的另一个重要方向是调整政府财政税收政策，提高财税政策对贫困地区脱贫的促进作用（专栏 3-2）。

专栏 3-2 如何调整政府财税政策，进一步助力贫困地区发展

第一，调整财政支出结构。贫困地区政府应调整好财政支出的结构，将财政资金多用于对公共基础设施、通讯等投资方向，加大投资性支出所占比重，让投资性支出更好地为贫困地区带来经济增长效应。

第二，中央财政加大对贫困县的支持力度。要加大财政的投资性支出，就要加强贫困县政府的财政支付能力，需要有充足的财政资金支持。然而执行分税制之后，县政府的财政收入很多要上交给上级和中央，加上中央财政主要流向大城市，造成贫困县政府财政资金不足。与此同时，贫困县的财政消费性支出又不断增多，使得政府财政资金紧张，难以为促进贫困地区经济社会发展的基础建设进行投资，进而使得招商环境差，又影响财政收入。所以中央应采取区域倾斜政策，适度地为扶持贫困兼顾公平而加大对贫困县的财政支持，可以适量加大地方财政留存和返还比例，完善财政转移支付制度。

第三，健全财政转移支付制度。要建立规范化、制度化和法制化的财政转移支付机制。还可以通过根据国家政策对贫困地区或特殊扶贫项目提供资金补助的方式进行。

第四，完善税收政策。对现行的税收政策进行改革，对经济发达的地区提高税率，让其多交税，而针对贫困地区，要兼顾公平的减少其赋税负担。制定针对中部贫困地区的税收优惠政策，尤其是针对贫困地区的主要产业，如农业、手工业、能源等基础性产业，尽量减轻贫困人口的经济负担。

其次，从技术要素视角看，充分发挥技术[①]要素在贫困地区产业发展过程中

① 这里“技术”的内涵更接近于“知识”，即不仅有狭义的、直接作用于物质生产流程的工程性技术，还包括科学的发展理念、先进的管理方法等对产业发展具有积极意义的广义上的“技术”。

的作用。贫困地区在寻求经济发展所需资本支持的同时，必须明确将资金用于什么样的项目、建设怎样的经济的问题。这就需要贫困地区改变GDP至上、单纯经济效益至上的旧有思路，从脱贫的起步阶段开始就将产业的社会效益和环境效益纳入考察范畴，发挥贫困地区原有产业基础薄弱、转型成本低的优势，从一开始就选择经济、社会和生态三方面效益相统一的产业发展道路。本研究将相关的脱贫路径归纳为推动贫困地区产业结构的优化升级。需要说明的是，这里的优化升级，既是相对贫困地区较为孱弱的现有地区产业而言，要寻找新的增长点和产业经营方式，进一步做强区域经济，也是指相对于发达地区在发展起步阶段曾经普遍出现过的高能耗、高排放、高污染的黑色发展方式而言，后发的贫困地区要走出一条低能耗、低排放、低污染的绿色发展“新路”（专栏3-3）。

专栏3-3　贫困地区如何实现产业结构优化升级

第一，推行农业产业化经营。农业经济在贫困地区占很大比重，要将农业带入市场，由传统农业向现代农业转变，将贫困农户组成利益共同体，规模运用现代化农业技术，参与市场竞争。可以通过发挥地方优势特色产业，整合已有的农业开发经营项目，建立示范性农业基地，加强农户们的参与积极性。还应建立相关服务中介和专业咨询机构，引导龙头企业与农业生产有机结合，帮助农户获取市场信息和技术支持，引进新品种和先进种植技术。

第二，促进工业结构调整。贫困地区原有工业基本都停留在较低层次，煤矿、冶炼及化工产业往往伴随着对资源的浪费和环境的破坏，而且技术水平相对低下。要转变工业结构进行产业调整，该淘汰的淘汰，该技改的技改，加大科技成果投入，将高污染产业转变为低污染甚至无污染产业，将高耗能产业转变为能耗低、效率高的产业。针对地方特色产业，要将其优势发挥出来，树立优质品牌，制定品牌发展战略，将地方性工业产业做大做强。

第三，大力发展第三产业。相对于高耗能、高污染的工业来说，第三产业能耗低、污染小，就业吸纳能力强，相当一部分第三产业对劳动者知识技能水平要求较为宽松，行业门槛较低，第一、第二产业有第三产业的支撑能得到更好地发展和服务。贫困地区应鼓励设立经营发展第三产业的中小型企业，重点发展农业产品流通渠道、信息和技术服务、地区特色旅游等产业，提高经济活动附加值。譬如，地处中部的贫困地区可发挥区位优势，通过发展交通运输业来发展商贸集散；西部地区人文和自然景观独特，除了众多山脉、湖泊、森林等低污染的自然景色外，古城古镇和红色旅游文化也颇具特色，旅游业和文化产业都能成为相关地区的突出增长点。

第四，引进新技术，加强科技创新能力。科技在生产中的运用越来越广泛，也越来越重要，依靠科技的进步、产品的创新也越来越成为一种提高生产力、创造高效益的有效手段。贫困地区政府应创造条件将生产性活动与科研、企业与高等院校相联系，设立针对贫困地区的高校人才引进政策并提高薪酬待遇以延揽优秀人才，做好科学生产技术的指导和推广工作，并引导企业发展其核心竞争力，进行技术创新，将技术成果转化成生产力，切实推广运用到生产过程中去。

最后，发挥“人”即劳动者在经济增长中的关键作用。当今国际经济实力的竞争归根结底是劳动者素质的竞争，高素质的劳动者意味着更高水平的社会生产活动。无论是社会生产领域的资本积累、产业升级与技术创新，还是消费领域的需求多样化、扩大化，都离不开人的参与。而从人本观点出发，劳动者素质的提高又是人的全面发展的重要组成部分，是需要经济支持和社会保障的系统工程，其中经济支持是基础，社会保障发挥直接作用。因此，需要不断提高社会建设水平，通过建设高质量的综合教育体系以确保劳动者获得充足的知识和良好的素质，通过建设高质量的人口健康保障体系（医疗卫生、疾病保险、环境保护与污染治理等）以确保劳动者获得良好的身体状态和较长的工作寿命，从而提高经济创新活力和技术应用水平，降低社会生产组织成本，培育社会消费能力，有力促进经济增长。

2）社会系统的脱贫路径

正如上文所提及的那样，经济发展所需要的内生性要素并不能完全依靠经济系统自身的力量来解决，尤其是“人”即劳动者的问题。劳动者对经济活动的贡献能力增强，直接表现为贫困地区人口向堪为经济活动所用的人力资源的不断转化，成为文化素质和身体素质双达标的劳动者。这就有赖于各级政府有效提高人力资本投入和保障水平。从社会系统为贫困地区脱贫开辟路径，主要方向是加大贫困地区基本公共服务建设投入（专栏3-4）。

专栏3-4　以人力资本投入和保障水平的提高促进贫困地区脱贫

第一，强化贫困县基础教育建设。普通中学教育对贫困地区经济社会发展的促进作用是最大的，也就是说基础义务教育对于贫困地区来说是很重要的。贫困地区人口知识水平不高，素质较低都成为治贫举措实施及贫困地区发展的限制性因素。政府首先应加大投入改善贫困县的办学条件和教学设施，进而通过制定和完善教育相关的法律政策，确保贫困地区九年义务教育的实施，落实到每家每户每个孩子，减免学费及学杂费，为贫困地区提供更多的教育资源，强化校舍教室的硬件设施建设。更要利用国家支教扶贫政策引进优秀师资力量，加强本地教师培训，与时俱进，提升贫困地区教育质量。对于初中教育之后的高中及大学教育实行国家、政府补助政策，保证不错过任何继续学习和深造的机会。

第二，加大成人教育和职业教育的投入力度。贫困地区不仅未成年人教育水平需要提高，针对成人的职业培训也要加大投入力度。成人文化素养水平低直接会影响孩子的受教育水平，也会影响家庭的收入水平，制约贫困地区经济的发展。贫困地区的劳动者大多缺乏实用的技术和经营管理方法，成人教育和职业培训应注重生产性实用专业技能的培训，提高成人的技术水平，提升生产能力。职业教育可以和治贫规划项目相结合，制定与贫困地区发展相适应、贫困人口受教育水平可接受的培训内容，为贫困地区人口提供示范性的生产过程和科技实践效果，也可以通过在岗的技能培训引导人们认识、接受和掌握新技术。

第三，完善社会保障体系，注重留住人力资本。人力资本对于贫困地区的经济社会发展影响作用重大，在积极加强贫困地区基础教育和成人职业技术培训的基础上，还应注重制定优惠政策引进和留住人才。完善并拓宽社会保障制度的覆盖面，是解除劳动力后顾之忧、保证发展所需人才和稳定社会环境的需要。这些问题重点体现在离退休人员养老及医疗、下岗职工生活保障等方面，政府应不断完善医疗保险制度、养老保险制度和失业保险制度等，并可与社会救济、福利等机构进行结合，确保社会保障的资金来源，尽量普及，实现公平。我们要加强对贫困县最低工资和生活标准执行情况的监督检查，保证养老金的发放到位，确保贫困人口的最低生活水平。

3）生态系统的脱贫路径

生态环境是承载经济和社会系统的物质基础。许多贫困地区，经济发展与社会面貌的落后往往与生态环境的恶化相伴随；然而还有许多贫困地区，则未能将良好的地区生态资源加以开发利用，使其生态效益转化为减贫效益。由于贫困地区生态面貌的多样性，从生态系统出发促进地区脱贫的方向呈现出多元化的特点（专栏 3-5）。

专栏 3-5　促进生态系统建设，走出地区脱贫新路

方向之一是通过植树造林、荒漠化治理等手段加强地区生态环境恢复治理，提高生态环境质量，改造地区经济禀赋，同时促进地区人口健康水平的提高。

方向之二是改进基础设施条件，促进现有生态资源开发利用，使生态资源转化为经济资源，激活其经济价值。

方向之三是借助国家生态补偿机制，从服务全国生态大局的高度出发，主动限制本地区经济发展，最大限度地保护本地生态资源，恪守本地区作为生态功能核心区的基本定位，依靠国家的生态补偿转移支付保障地区人口收入和生活水平。

第四章　贫困地区低碳发展模式及评估指标体系

4.1　贫困地区低碳发展模式研究

4.1.1　产业结构与资源环境的匹配度分析

在根据资源禀赋和致贫因素对片区进行分类的基础上，依据产业结构与资源环境匹配程度对片区内部的县区进行进一步分析，以归纳低碳扶贫的典型模式和案例。

原则：一个地区的产业发展受到多种因素的影响，必须符合主体功能区规划，与当地的经济社会发展水平以及人民群众的意愿相一致，还必须与当地环境资源状况相匹配，做到产业发展过程中的碳排放强度与资源禀赋相匹配。

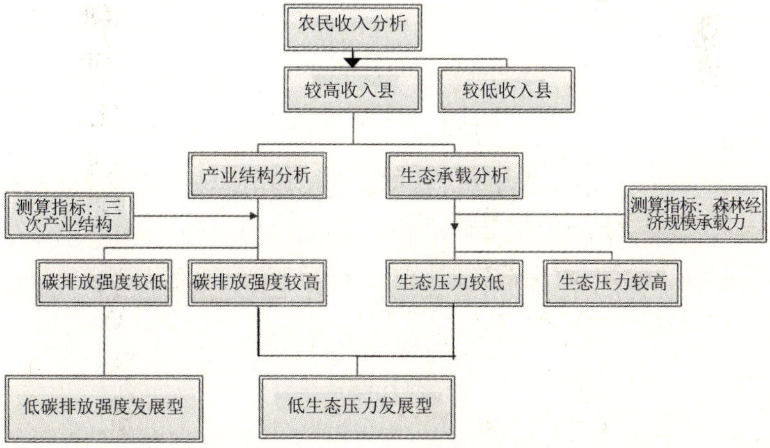

图 4-1　分析框架图

方法：根据相关资料分析，总体而言，第一产业和第三产业单位产值的碳排放强度较低，因此，将“第二产业产值”比例较低，“第一产业产值”和“第三产业产值”比例较高的地区归入“低碳排放强度发展型地区”；在“第二产业产值”比例较高的地区，“高碳排放强度发展型地区”碳排放总量和碳排放强度相对较高，需要根据当地资源禀赋判定是否能够维持环境、经济和社会的可持续发展，而森林是生态脆弱贫困片区碳汇能力最强的用地类型，因此，以“单位森林面积的第二产业产值承载量”（第二产业差值 / 森林面积）为森林经济承载力指标，考察贫困区域的低碳发展水平。根据以上指标，进行片区之间的比较，以识别不同连片特困地区的特点和发展状况。同时，在片区内部，以产业结构和农民收入为指标进行聚类分析，将同一片区中的贫困区县划分成不同特点的类别，从两个维度反映低碳发展状况和经济发展状况之间的关系。

从总体来看，十一片区的“第二产业产值比例”均不高于 45%，处于工业化初期，在未来相当长的一段时间内，肩负着经济社会可持续发展与保护自然环境的双重任务。从片区的横向对比来看，大别山区、罗霄山区、秦巴山区和乌蒙山区的第二产业产值比例超过了 0.40，碳排放强度相对较高。结合农民收入和环境承载状况分析，大别山区是唯一一个农民收入超过 5 000 元的片区，但该片区森林经济承载力指标也高达 1 272.16，是滇西片区的 20 倍，该片区的低碳可持续发展能力存在隐忧；同为碳排放强度较高、农民收入也较高的秦巴山区，森林经济承载力指标仅为 208.44，生态压力明显弱于大别山区，为经济社会的可持续发展提供了更为富足的资源余量；而在乌蒙山区和罗霄山区，尽管碳排放强度与森林经济承载力指标较为匹配，但是农民收入较低，需要进一步提高经济发展的质量；燕山—太行山区、六盘山区、大兴安岭片区的农民人均纯收入属于中低水平，经济社会发展和扶贫工作的任务任重而道远。与此同时，三个片区的森林经济承载力指标也明显高于其他片区，传统的工业化发展方式将产生持续的资源压力。值得注意的是，大兴安岭片区的第一产业和武陵山区、六盘山区、吕梁山区的第三产业的比重都达到或超过了第二产业，应该根据自身的特色资源和环境承载力状况选择发展模式。

11 个连片特困地区地域跨度大，经济社会发展状况和生态环境条件都存在巨大的差异。而在片区内，贫困县区呈相邻集中分布，经济社会和自然条件较为类似。因此需要对片区内部的产业结构、农民收入和环境承载能力进行进一步分析。

表 4-1　各片区总体情况汇总表

片区	第一产业产值比例 /%	第二产业产值比例 /%	第三产业产值比例 /%	森林经济承载力 /(万元 /km^2)	农民人均纯收入 / 元	县区个数/个
武陵山区	25	35	39	188.91	3 924.17	64
大别山区	30	40	30	1 272.16	5 058.14	36
大兴安岭片区	39	35	26	415.71	3 515.06	19
滇桂黔片区	26	37	37	144.94	4 011.89	80
滇西片区	32	35	34	61.52	3 779.59	56
六盘山区	27	36	37	555.36	3 711.25	61
罗霄山区	22	43	35	168.72	3 677.78	23
吕梁山区	23	35	42	266.27	3 782.25	20
秦巴山区	24	42	34	208.44	4 419.16	75
乌蒙山区	25	42	33	212.32	3 776.00	38
燕山太行山区	25	39	35	471.44	3 812.79	33

数据来源：国家扶贫办内部统计资料（2011—2012 年）、各省市统计年鉴（2012 年）、中国县（市）社会经济统计年鉴（2012 年），本章节中图表数据均根据以上资料整理得到。

1）武陵山区

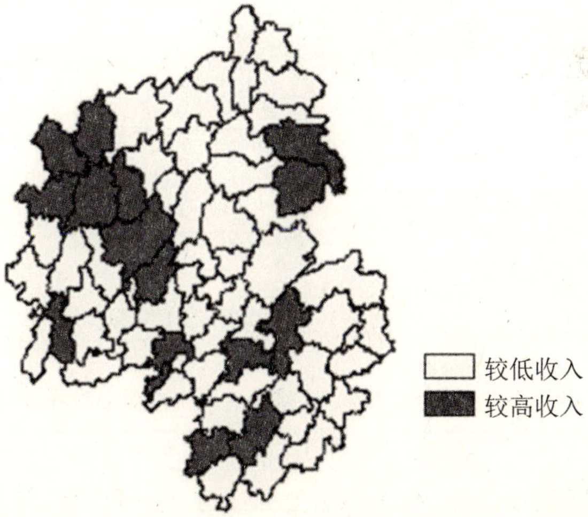

图 4-2　武陵山区农民人均纯收入聚类分析图

表 4-2 武陵山区农民人均纯收入聚类分析表

类别	农民人均纯收入平均值 / 元	县区个数 / 个	占比 /%
较低收入区域	3 517.52	48	75.00
较高收入区域	5 144.13	16	25.00
合计	3 924.17	64	100.00

产业发展并不是经济社会发展的目的，最终的目的还是要促进人民生活水平的不断提升，改变当地贫穷的现实状况，促进经济社会的全面发展。

首先，根据对武陵山区农民人均收入进行聚类分析（图 4-2，表 4-2），高收入地区主要集中在西北部地区和南部，主要分布在重庆市和湖南省辖区内，农民人均纯收入达到了 5 144 元，是该片区人均收入的 1.31 倍；其余若干的高收入县区零星分布在湖北和贵州省辖区内。剩余的区县则为低收入县区，平均收入为 3 517 元，仅为高收入县区的 68%。

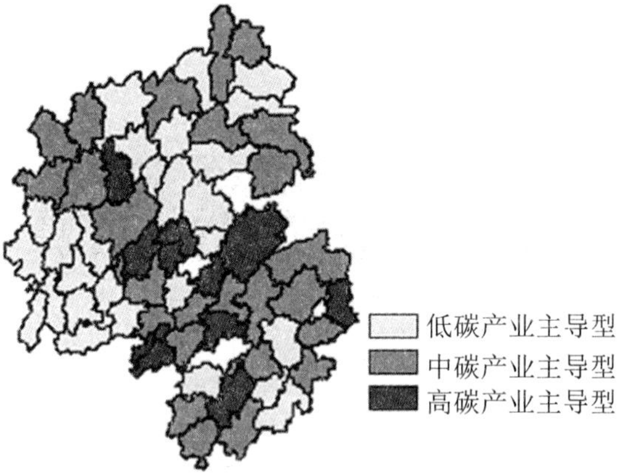

图 4-3 武陵山区产业结构聚类分析图

表 4-3 武陵山区产业结构聚类分析表

类别	第二产业产值占比 /%	区县个数 / 个	比例 /%
低碳排放强度	23	27	42.20
中等碳排放强度	38	25	39.10
高碳排放强度	57	12	18.80
合计	35	64	100.00

第二，进行产业结构空间聚类分析，如图 4-3，表 4-3 所示。武陵山区各区县的产业结构呈现出显著的空间差异。“低碳区域”主要集中在西部地区和东北部地区，共 27 个县区，第二产业产值比例为 23%，低碳产业的比例总共达到了 72%。“中等碳排放强度”县区贯穿分布在片区的中部和南部地区，共 25 个县区，第二产业产值的比例达到了 38%，碳排放强度显著增强。在该片区中还零星分布着 12 个“高碳排放强度”县区，占县区总数的 18.80%，第二产业产值比例达到了 57%，比片区平均值高出 22 个百分点。

结合产业结构空间聚类的结果分析可知，在 16 个较高收入县区中，只有凤冈县第二产业产值比例低，碳排放强度较低，属于低碳产业主导型，剩余的石门、黔江、酉阳、秀山、等 15 个县区的第二产业产值比例较高，碳排放强度较高，需进一步分析产业结构与资源环境的匹配性。

表 4-4　武陵山区生态承载力聚类分析表

类别	森林经济承载能力 / （万元 /km^2）	县区个数 / 个	比例 /%
生态压力低值区域	113.25	52	81.30
生态压力高值区域	516.79	12	18.80
合计	188.91	64	100.00

以“单位森林面积的第二产业产值承载量”作为森林经济承载能力评估指标对武陵山片区的碳排放与资源禀赋进行比较分析（表 4-4）。石柱、石门、彭水、慈利、武隆等 52 个县区的森林经济承载力指标值为 113.25 万元 /km^2，低于片区平均值 188.91，区域内的资源压力较小；而黔江、秀山、中方、玉屏等 12 个县区的指标值达到了 516.79，为片区均值的 2.74 倍，资源压力明显高于片区均值。因此，虽然石柱、石门、彭水、慈利、武隆等 9 个县区的产业结构导致碳排放强度较高，但考虑到当地环境压力较低，应属于“低生态压力发展型”（表 4-5）。

表 4-5　武陵山区不同类型高收入发展区目录

片区	类别	县名
武陵山区	低碳排放强度发展型	凤冈
	低生态压力发展型	石柱、石门、彭水、慈利、武隆、酉阳、溆浦、绥宁、靖州

2）大别山区

表 4-6 大别山片区农民收入聚类分析表

类别	农民人均纯收入平均值 / 元	县区个数 / 个	比例 /%
较高收入区域	5 363.46	24	66.70
较低收入区域	4 447.50	12	33.30
合计	5 058.14	36	100.00

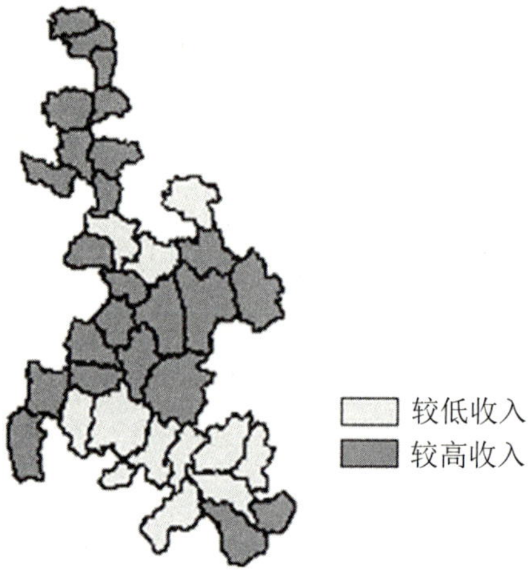

图 4-4 大别山片区农民收入聚类分析图

根据对大别山区农民人均纯收入的聚类分析看（图 4-4、表 4-6），高收入地区主要集中在中北部区域，集中于河南，安徽两省。农民平均收入高达 5 363 元，稍高于该地区平均人均收入的 5 058 元。其余的低收入区零星分布与湖北、安徽、河南三省份，在南部山区较为集中，人均收入仅为 4 447 元，为高收入地区的 82%，可见，该片区农民收入差距较小，发展较为均衡。

表 4-7 大别山片区产业结构聚类分析表

类别	第二产业产值占比 /%	区县个数 / 个	比例 /%
低碳排放强度	31	14	38.90
高碳排放强度	46	22	61.10
合计	40	36	100.00

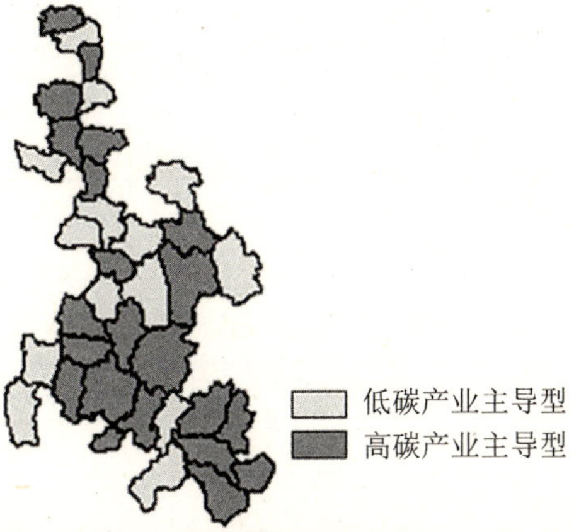

图 4-5　大别山片区产业结构聚类分析图

根据图 4-5、表 4-7 分析，“低碳排放强度”县区位于片区的北部区域和边缘区域，共 14 个县区，占该片区县区总数的 38.90%。在这类县区中，三次产业产值所占比例差异不大，产业结构较为均衡，第二产业产值比例仅占 30%；“高碳排放强度”县区主要位于片区的中部和南部大部分区域，北部区域有零星分布，第二产业产值比例为 46%。

结合产业结构空间聚类分析的结果，在 24 个较高收入县区中民权、柘城、商水等 9 个县区属于低碳排放强度地区。

宁陵县、太康县、淮滨县等 15 个县区的碳排放强度较高，需要进一步分析产业结构与资源环境的匹配性。其中 8 个县区生态承载指标明显较低，属于生态压力低值区域，因而也可归入低生态压力发展型（表 4-8、表 4-9）。

表 4-8　大别山区生态承载力聚类分析表

类别	森林经济承载能力 / （万元 /km^2）	县区个数 / 个	占比 /%
生态压力低值区域	3 056.42	9	25.00
生态压力高值区域	677.40	27	75.00
合计	1 272.16	36	100.00

表 4-9 大别山片区不同类型高收入发展区目录

片区	类别	县名
大别山片区	低碳排放强度发展型	民权、柘城、商水、固始、潢川、大悟、孝昌
	低生态压力发展型	宁陵县、太康县、淮滨县、光山县、商城县、新县、金寨县、宿松县

3）大兴安岭片区

表 4-10 大兴安岭片区产业结构聚类分析表

类别	第二产业产值占比 /%	区县个数 / 个	比例 /%
低碳排放强度	27	10	55.60
高碳排放强度	44	8	44.40
合计	35	18	100.00

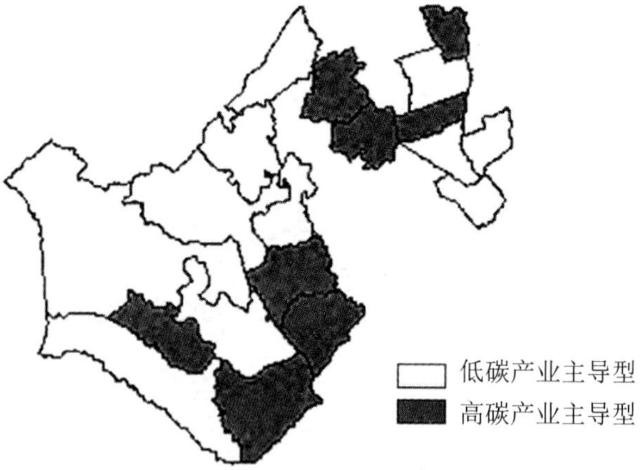

图 4-6 大兴安岭片区产业结构聚类分析图

如图 4-6、表 4-10 所示，大兴安岭地区各县区的产业结构在空间上呈现出显著的差异性。“低碳排放强度地区”主要集中在西北部地区。在该地区中，第二产业产值比例为 27%，低碳产业总比值高达 73%。在东部地区，零星分布若干个工业县，第二产业产值比值高达 44%，碳排放强度较之西部地区，显著增强。

表 4-11　大兴安岭片区收入聚类分析表

类别	农民人均纯收入平均值 / 元	县区个数 / 个	占比 /%
较低收入区域	2 975.92	13	72.20
较高收入区域	4 916.80	5	27.80
合计	3 515.06	18	100.00

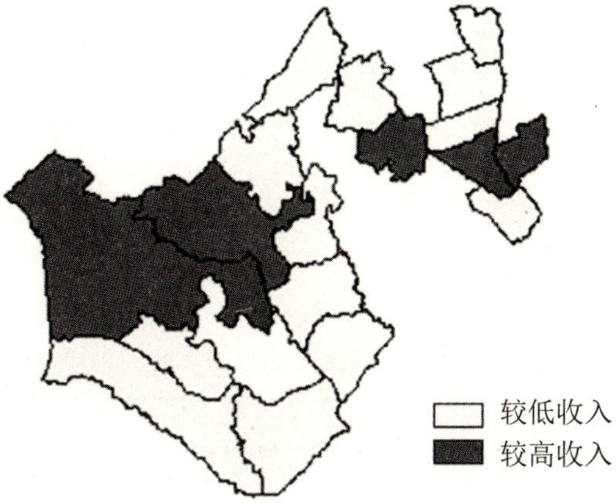

图 4-7　大兴安岭片区收入聚类分析图

较之产业结构比较，各县区收入差异也呈现明显的空间差异。在“高碳排放强度”县区中，只有分布在东北部地区的少数县区出现较高的收入水平，其余大部分的高收入区域仍被“低碳排放强度”县区所占据。根据对农民人均纯收入的聚类分析看（图 4-7、表 4-11），高收入区主要集中在该片区的西部地区，农民人均收入高达 4 916.80 元，远高于该片区整体人均收入的 3 515.06 元。剩余的区县则为低收入区，平均收入只有 2 975.92 元，仅为高收入县区的 60%，区域差距明显。

结合前两部分结果分析 (表 4-12)，在较高收入县区中，科右前旗、阿尔山市，扎赉特旗、望奎县、青冈县五个县区属于“低碳”地区；只有林甸县属于“高碳”区域，碳排放强度较高，需进一步分析产业结构和资源环境的匹配性。“单位森林面积的第二产业产值承载量”指标分析表明（表 4-13），林甸县的指标值较高，不属于“生态压力低值区域”。

表 4-12　大兴安岭片区不同类型高收入发展区目录

片区	类别	县名
大兴安岭片区	低碳排放强度发展型	科右前旗、阿尔山市，扎赉特旗，望奎县，青冈县
	低生态压力发展型	

表 4-13　大兴安岭片区生态承载力聚类分析表

类别	森林经济承载能力 / （万元 /km^2）	县区数 / 个	占比 /%
生态压力低值区域	257.00	15	83.30
生态压力高值区域	1 209.26	3	16.70
合计	415.71	18	100.00

4）其他片区情况

表 4-14　滇桂黔片区不同类型高收入发展区目录

片区	类别	县名
滇桂黔片区	低碳排放强度发展型	施秉县、三都县、上林县
	低生态压力发展型	瓮安县、长顺县、独山县、罗甸县、荔波县、融安县、环江县、师宗县、忻城县、田阳县、马山县、天等县、隆安县、龙州县、宁明县、贵定县、资源县、大新县

表 4-15　滇西片区不同类型高收入发展区目录

片区	类别	县名
滇西片区	低碳排放强度发展型	玉龙县、永仁县、宾川县、永平县、施甸县、双柏县、景东县、镇沅县、石屏县、勐腊县
	低生态压力发展型	宁蒗县、大姚县、漾濞县、景谷县、双江县、宁洱县

表 4-16　六盘山区不同类型高收入发展区目录

片区	类别	县名
六盘山区	低碳排放强度发展型	同心县、互助县、彭阳县、西吉县、循化县、崆峒区、临夏市、正宁县、陇县、淳化县、千阳县、靖远县、永寿县
	低生态压力发展型	景泰县、湟源县、乐都县、民和县、化隆县、麟游县、永登县

表 4-17　罗霄山区不同类型高收入发展区目录

片区	类别	县名
罗霄山区	低碳排放强度发展型	宁都县、茶陵县、井冈山市、瑞金市、上犹县、会昌县、安远县、寻乌县
	低生态压力发展型	万安县、遂川县、炎陵县

表 4-18　吕梁山区不同类型高收入发展区目录

片区	类别	县名
吕梁山区	低碳排放强度发展型	佳县、米脂县、子洲县、绥德县、吴堡县、清涧县
	低生态压力发展型	

表 4-19　秦巴山区不同类型高收入发展区目录

片区	类别	县名
秦巴山区	低碳排放强度发展型	周至县、西乡县、镇巴县、剑阁县
	低生态压力发展型	镇坪县、洛南县、卢氏县、太白县、丹凤县、商南县、洋县、山阳县、汉阴县、青川县、白河县、通江县、岚皋县、保康县、巫溪县、巫山县、商州区、元坝区、紫阳县、北川县、柞水县、宁陕县、镇安县、石泉县、平武县、南江县、平利县、朝天区、城口县

表 4-20　乌蒙山区不同类型高收入发展区目录

片区	类别	县名
乌蒙山区	低排放强度发展型	屏山县、昭觉县、普格县、赫章县、威宁县、武定县、寻甸县
	低生态压力发展型	沐川县、桐梓县、越西县、习水县、赤水市、叙永县、喜德县、金阳县、大方县、织金县、宣威市、雷波县

表 4-21　燕山—太行山区不同类型高收入发展区目录

片区	类别	县名
燕山—太行山区	低碳排放强度发展型	围场县、沽源县、宣化县、怀安县、阳高县、阳原县、大同县、涞水县、广灵县、五台县
	低生态压力发展型	商都县、丰宁县、隆化县、张北县、尚义县、承德县、兴和县、平泉县、蔚县、浑源县、灵丘县、易县

表 4-22 各片区不同类型高收入发展区总目录

片区	类别	第一产业产值比例 / %	第二产业产值比例 / %	第三产业产值比例 / %	森林经济承载力 / (万元 / km²)	农民人均纯收入 / 元	县名	县区数 / 个
武陵山区	片区均值	25	35	39	188.91	3 924.17		64
	低碳排放强度发展型	45	28	28	50.71	4 447.00	凤冈	1
	低生态压力发展型	22	40	38	174.51	5 066.78	石柱、石门、彭水、慈利、武隆、酉阳、溆浦、绥宁、靖州	9
大别山区	片区均值	30	40	30	1 272.16	5 058.14		36
	低碳排放强度发展型	33	34	34	984.35	5 404.57	民权、柘城、商水、固始、潢川、大悟、孝昌	7
	低生态压力发展型	28	42	30	707.65	5 431.13	宁陵县、太康县、淮滨县、光山县、商城县、新县、金寨县、宿松县	8
大兴安岭片区	片区均值	39	35	26	415.71	3 515.06		19
	低碳排放强度发展型	45	33	22	198.03	4 944.5	科右前旗、阿尔山市，扎赉特旗，望奎县，青冈县	5
	低生态压力发展型							0
滇桂黔片区	片区均值	26	37	37	144.94	4 011.89		80
	低碳排放强度发展型	32	24	44	50.02	4 310.67	施秉县、三都县、上林县	3
	低生态压力发展型	28	40	31	130.77	4 741.28	瓮安县、长顺县、独山县、罗甸县、荔波县、融安县、环江县、师宗县、忻城县、田阳县、马山县、天等县、隆安县、龙州县、宁明县、贵定县、资源县、大新县	18
滇西片区	片区均值	32	35	34	61.52	3 779.59		56
	低碳排放强度发展型	40	25	35	38.69	4 195.00	玉龙县、永仁县、宾川县、永平县、施甸县、双柏县、景东县、镇沅县、石屏县、勐腊县	10
	低生态压力发展型	30	39	31	36.20	4 200.33	宁蒗县、大姚县、漾濞县、景谷县、双江县、宁洱县	6

续表

片区	类别	第一产业产值比例 / %	第二产业产值比例 / %	第三产业产值比例 / %	森林经济承载力 / (万元 / km^2)	农民人均纯收入 / 元	县名	县区数 / 个
六盘山区	片区均值	27	36	37	555.36	3 711.25		61
	低碳排放强度发展型	33	31	36	253.09	4 452.58	同心县、互助县、彭阳县、西吉县、循化县、崆峒区、临夏市、正宁县、陇县、淳化县、千阳县、靖远县、永寿县	13
	低生态压力发展型	19	51	30	386.58	4 653.71	景泰县、湟源县、乐都县、民和县、化隆县、麟游县、永登县	7
罗霄山区	片区均值	22	43	35	168.72	3 677.78		23
	低碳排放强度发展型	24	38	38	127.47	3 846.75	宁都县、茶陵县、井冈山市、瑞金市、上犹县、会昌县、安远县、寻乌县	8
	低生态压力发展型	19	50	31	126.15	3 612	万安县、遂川县、炎陵县	3
吕梁山区	片区均值	23	35	42	266.27	3 782.25		20
	低碳排放强度发展型	24	30	46	255.40	5 692.67	佳县、米脂县、子洲县、绥德县、吴堡县、清涧县	6
	低生态压力发展型							0
秦巴山区	片区均值	24	42	34	208.44	4 419.16		75
	低碳排放强度发展型	32	27	41	79.26	5 261.75	周至县、西乡县、镇巴县、剑阁县	4
	低生态压力发展型	23	45	32	106.76	4 813.59	镇坪县、洛南县、卢氏县、太白县、丹凤县、商南县、洋县、山阳县、汉阴县、青川县、白河县、通江县、岚皋县、保康县、巫溪县、巫山县、商州区、元坝区、紫阳县、北川县、柞水县、宁陕县、镇安县、石泉县、平武县、南江县、平利县、朝天区、城口县	29

续表

片区	类别	第一产业产值比例 / %	第二产业产值比例 / %	第三产业产值比例 / %	森林经济承载力 / (万元 / km^2)	农民人均纯收入 / 元	县名	县区数 / 个
乌蒙山区	片区均值	25	42	33	212.32	3 776.00		38
	低碳排放强度发展型	35	30	35	87.23	4 097.86	屏山县、昭觉县、普格县、赫章县、威宁县、武定县、寻甸县	7
	低生态压力发展型	22	46	32	190.50	4 199.08	沐川县、桐梓县、越西县、习水县、赤水市、叙永县、喜德县、金阳县、大方县、织金县、宣威市、雷波县	12
燕山太行山区	片区均值	25	39	35	471.44	3 812.79		33
	低碳排放强度发展型	29	28	43	220.21	4 061.20	围场县、沽源县、宣化县、怀安县、阳高县、阳原县、大同县、涞水县、广灵县、五台县	10
	低生态压力发展型	23	46	31	228.90	4 075.67	商都县、丰宁县、隆化县、张北县、尚义县、承德县、兴和县、平泉县、蔚县、浑源县、灵丘县、易县	12

4.1.2 低碳发展模式分析

1. 资源维度分类

1）资源贫乏地区发展模式

我国连片特困地区广泛分布着大量生态环境严重破坏区、生态脆弱区、重要生态功能区以及自然环境条件恶劣、基本不具备发展潜力的区域，尤其是土壤贫瘠型、缺水型、沙漠高寒型贫困地区的多数区域；部分地区的人口规模超过区域生态环境容量和承载能力，例如在多山型和闭塞型贫困地区的核心区域，扶贫成本高昂，成效低下，生态移民成为大势所趋。

生态移民一方面可以减轻人类对原本脆弱的生态环境的继续破坏，使生态系统得以恢复和重建；二是可以通过异地开发，有效提升扶贫投资的效率，从而降低扶贫开发的碳排放总量，逐步改善贫困人口的生存状态。

生态移民的具体形式可分为自发型移民与政府主导型移民。自发型移民是指由于生态环境恶化造成生产、生活困难，当地居民自发离开原居住地到外地谋生的一种迁移活动以及迁移人口。政府主导型移民是指政府有组织地以恢复和保护生态环境为主要目的，同时兼顾扶贫和提高经济收入的迁移行为。[①]这种类型的移民，既体现了生态移民的原因，也体现了生态移民的目的。

生态移民模式应体现群众自发与政府主导相结合的特点：政府主导生态移民以省市政府为主体，体现在扶贫整体规划之中；县级以下政府根据各地区实际情况采取搬迁补贴、新农村建设等方式，引导群众自发有序开展生态移民。无论何种形式，生态移民应与生活设施和产业发展相配套，切实提高移民的收入和生活水平。

案例　4-1

贵州地处武陵山片区、乌蒙山片区、滇桂黔石漠化区的交界地带，88个县（市、区、特区）中有50个国家扶贫开发县，是全国扶贫开发的主战场之一。贵州省在扶贫工作中，加快推进扶贫生态移民，形成节约资源、保护环境的空间格局、产业结构、生活方式和生产方式，自觉推动绿色发展、循环发展和低碳发展。2011年11月组建《贵州省扶贫生态移民工程规划（2012—2020年）》编制小组。2012年8月中旬，各市州根据新增移民规模再次调整相关数据。编制小组迅速组织人员对数据进行汇总和调整并修改征求意见稿，形成了针对200万移民的《贵州扶贫生态移民工程规划（2012—2020年）》（讨论稿）。扶贫生态移民工程实施过程中做到了“四坚持、五为主、四结合、一确保”。即：坚持政府主导、群众自愿，坚持统筹规划、合理布局，坚持因地制宜、分类指导，坚持先易后难、有序推进；搬迁对象以居住在深山区、石山区特别是石漠化严重地区的贫困农户为主，迁出地点以生态位置重要、生态环境脆弱地区的地方为主；搬迁区域以三个集中连片特困地区和民族地区为主，安置地以县城及县城规划区、产业园区、重点小城镇为主，实施方式以发挥基层党委、政府积极性、农民自力更生为主，积极引导社会资金参与支持扶贫生态移民工程；工程实施要与推进工业化、信息化、城镇化、农业现代化相结合，与发展旅游等特色小城镇相结合，与“5个100工程”、与农村危房改造相结合，与基础设施向县及县以下延伸相结合。整合相关资源，完善安置点配套基础设施和公共服务设施；积极培育后续产业，健全社会保障体系，建立农民增收与生态保护的长效机制，

① 孙燕一，等．政府主导型生态移民的实效、问题与政策．

围绕“建房、搬迁、就业、保障、配套、退出”六个关键环节，周密组织、精心实施，确保扶贫生态移民搬得出、留得住、能就业、有保障。

2013 年，贵州省建设扶贫生态移民住房 36 485 套、搬迁 151 083 人。其中，武陵山区、乌蒙山区、滇桂黔石漠化区三大集中连片特困地区住房套数和搬迁人口数分别占总数的 92.5%、93%。此次扶贫生态移民安置点共有 126 个，将以县城及县城规划区、产业园区（工业园区）、重点小城镇集中安置为主。生态移民工程总投资为 31.22 亿元，其中住房建设投资为 19.13 亿元，征地及基础设施投资 12.09 亿元。①

2）资源适宜型地区发展模式

资源的利用、引进和开发是经济社会发展的必然手段，在具备基本条件的贫困欠发达地区，资源的合理开发利用是低碳减贫和可持续发展的必然要求。低碳扶贫模式的资源开发不仅包括对传统经济资源和自然资源的开发，应更加注重开发和利用新资源，避免环境载荷加大以及新的环境破坏。

资源开发的第一层次依然属于物质资源，包括优质农业资源、清洁能源、生态旅游资源。第一层次的资源是支撑贫困地区发展的基本资源，在不同类型的贫困地区，当地的自然环境条件造就各具特色的资源；在产业化扶贫开发过程中，当地资源的合理利用开发依然是主要途径，应密切注意经济发展和环境保护的耦合机制，避免过度和低效率开发，确保扶贫开发的低碳导向。

第二层次的资源不同于传统资源，是推动经济社会发展的新生产要素，例如碳交易平台、信息网络等。低碳扶贫也属于新历史时期的发展方式，与新的经济发展要素相结合，有利于拓展扶贫工作的路径和范围。这一层次资源的开发利用对于闭塞型贫困地区的低碳扶贫开发尤为重要。

（1）第一层次：资源开发模式

①特色农业资源开发利用的产业化扶贫模式

贫困地区均拥有广阔的农业产业空间，往往蕴含着丰富的特色农业资源。相对工业的发展而言，做大做强特色农业，不但能够充分利用资源禀赋发挥比

①http://www.chinanews.com/df/2013/02-04/4544958.shtml.

较优势，扩大基层扶贫开发的覆盖面，而且能够有效降低发展过程中的碳排放强度。特色农产品由于其价值较高，还能够有效缓解贫困地区区位劣势的影响。

这一扶贫模式与当前的农业产业化、现代化发展模式类似，重在有效利用农业资源，形成规模优势，提升农产品品质和商品化率。

案例 4-2

青海省海东地区位于六盘山地区片区，作为典型的高原地区，气候高寒，其农作物的种植远远不及内陆其他地区，但是在海东发现的硒矿却可以缓解这一地区其他资源相对匮乏的困境。平安县发现了青藏高原唯一一处面积达 840km^2 富硒土壤资源区，这为该县打造以富硒为品牌的生态绿色农业提供了得天独厚的条件。近几年来，该县委、县政府通过园区引领（集中打造了 7.8 万亩的生态养殖区）、基地建设（目前示范基地占地 1 100 亩，集展示、种植、推广、研发、加工、销售为一体的观光生态基地）、龙头企业带动（先后建成青海环宇公司蒜酱深加工基地、日本藤田黑蒜生产基地等 20 家富硒农产品生产企业）等措施，使全县特色农作物播种面积占总面积的 85% 以上，涌现出下红庄村、大寨子村富硒设施红提葡萄、沈家村无公害富硒蔬菜、大路上庄无公害富硒西红柿、富硒大果樱桃为主的特色产品，销售渠道逐步向国内外高端市场拓展。①

位于贵州黔西南州的晴隆县，属黔西南布依族苗族自治州，是一个典型的喀斯特地貌山区农业县，山多地少，喀斯特区域面积多达 911.2km^2，占全县国土面积的 68.46%。长期以来，山区农民一直遵循着种植玉米和水稻的传统耕作方式，不仅产量低而不稳，而且极易导致水土流失，使石漠化现象越来越严重，由此产生的农业碳排放规模不容小视。然而，晴隆县草山、草坡资源丰富，雨水丰沛、降水量大、气温较高，非常适合牧草生长。

晴隆县委县政府总结经验，把种草养羊作为全县的支柱产业，实行“政府引导、企业带动、以场带户、利益共享”的运作模式，积极推广种草养羊的模式，同时加强对石漠化地区的工程治理，使草地畜牧业得到快速发展。自 2000 年以来至 2011 年年底，全县仅种草养羊产业一项共投入 1.02 亿元，到 2011 年底实现人工种草 13.35km^2，改良草场 12.89km^2，完成坡地改梯田 0.94km^2，建成排

①http://www.qh.xinhuanet.com/2012-09/ol/c_112922916.htm.

涝渠 488.5m。全县从事种草养羊的农户已经达到 12 800 户，有 5 万多人从事养羊业。全县存栏羊多达 42 万只。种草养羊产业使农民增收 4 亿多元。仅 2011 年，晴隆县农民人均收入达到 5 800 元人民币，其中增收部分的 70% 来自养羊业。比如位于光照镇的桃园草场，覆盖农户 179 户，还带动了周边农户 208 户参与种草养羊，几年来新建人工草地 1.2 万亩（约 $8km^2$）。当地农民在项目实施前的人均年收入只有 500 元人民币，生活很困难。现在，养羊农户的年收入最低的达到 1 万元，最高的 18.6 万元。

种草和养羊给晴隆县带来的还远不只是经济利益，这一产业链的完善减轻了水土流失，提高了植被覆盖率，减排增效，同时培养了广大群众的生态保护意识。

晴隆县以种草养羊取代传统的谷物种植业，取得了扶贫开发和环境保护相平衡的良好效果，探索出产业化扶贫的新路子，被誉为石漠化综合治理的“晴隆模式”。2006 年 6 月，国务院扶贫办在贵州晴隆召开科技扶贫现场会，会议决定在西南 8 省开展种草养畜科技扶贫试点。[①]

---

②新能源开发利用的产业化扶贫模式

国务院在“十二五”规划中，已将新能源产业列为七大战略性新兴产业之一。新能源项目的启动是目前各个贫困片区工业开发的关注要点。新能源的开发利用属于资源密集型和资本密集型产业，这一特性使得新能源开发成为了最为典型的东西扶贫协作开发模式。贫困地区拥有丰富的待开发新能源资源，但缺乏关键技术并难以承担开发利用的大量资本投资，因而需要结合发达地区的资本、技术优势，共同开发、共同受益。同时，由于新能源开发的投资回收期长，边际生产成本往往高于传统能源的开发模式，因此，贫困地区在开发立项之初，必须充分论证；同时发挥资源优势与大型龙头企业积极合作，利用其已有规模优势和技术优势，降低新能源开发的风险，平衡短期收益和长期收益的矛盾，切实保证新能源开发利用在扶贫开发中的长期效应。

相对于传统能源，以太阳能和风能等为代表的新能源，地理空间分布广泛，

①http://www.yzgood.net/article-31870-1.html.

涉及范围广，通常涉及多个主管部门和行政区域，作为一种新兴产业和新的扶贫开发模式，相关政策的扶持与协调，也是新能源开发扶贫模式启动的关键。2014 年 10 月 17 日，国家能源局、国务院扶贫开发领导小组办公室联合印发了《关于实施光伏扶贫工程工作方案》，决定利用 6 年时间组织实施光伏扶贫工程，这是国家第一个将气候变化、低碳发展、新能源与扶贫结合起来的政策。光伏扶贫具有三大特点："造血扶贫"，光伏扶贫能够给贫困户带来长期的、稳定的收益，能够实现精准扶贫；"产业扶贫"，光伏扶贫是科技扶贫、行业扶贫，在提高贫困户收入的同时促进光伏产业的发展；"绿色扶贫"，光伏扶贫以太阳能发电的方式实现扶贫，有显著的环境效益和社会效益。

方案明确了 3 条组织和政策保障措施。一是建立工作协调机制，国家能源局、国务院扶贫办要加强联系和协调配合；二是建立技术服务体系，在国家能源局领导下，水规总院会同扶贫发展中心、电网、监测认证机构及主要光伏相关设备制造企业建立技术支撑体系，负责光伏扶贫全过程的技术服务；三是落实相关配套政策，建立国家统筹、地方配套、银行支持、用户出资多种资金筹措机制，统筹电站建设和分布式光伏建设。①

案例　4-3

东北大兴安岭南麓地区是使用风能和地热的良好备选用地。位于吉林省西北部的白城市，地处科尔沁草原东部，是利用天然太阳能和风能的绝佳位置，其气候条件呈现温带大陆性季风气候，特殊的地理环境形成了当地"光照充足，降水变率大，旱多涝少"的气候特点。年平均气温 5.2℃，≥ 10℃活动积温平均为 2 996.2℃，光照资源充足，近 50 年来年平均日照时数为 2 915h，光热条件明显优于全省其他地区。同时，其大风日数多，年均 8 级以上大风 24 天。风能、太阳能开发潜力大。在新一轮的低碳扶贫开发中，白城市就着力凸显其风能和太阳能资源的优势。白城市现已提出六大功能区的战略规划，太阳能发电装机突破 10 万 kW，电力消纳能力达到 100 亿 kWh 以上，建成全国领先的清洁能源开发利用示范基地。②

①http://www.gov.cn/xinwen/2014-10/17/content_2766723.htm.

②http://www.jl.gov.cn/tzjl/tzdt/201209/t20120924_1287550.html.

河北省的张北县则根据风能、光能和气候资源着力打造产业链。张北县是国家级贫困县，地处华北平原和内蒙古高原连接带，海拔高达 2 128m，距离张家口仅 45km，但是与张家口市的落差却高达 1 000 多 m，形成了天然的风谷。张北县将风电产业确定为振兴县域经济的三大支柱产业之一，县政府制定了发展的产业布局，示范性引领、立体式开发、全方位推进。目前，已与中节能、大唐、华能、中电投、国电龙源、国网新源等国内大型企业签订了 500 万 kW 的开发协议。张北县的另一先河工程就是全力开发两项光伏发电工程。其一是与国家电力发展股份有限公司和河北新能源开发有限公司签署了太阳能发电项目，这一项目位于张北公会镇境内，规划占地 9.25km^2，开发总规模为 200MW，计划总投资 36 亿元。其二是与财政部、科技部和国家电网公司联合建设总投资达 200 亿元的国家风光储输示范项目，其中不仅有 50 万 kW 风电，同时还有 10 万 kW 太阳能光伏发电、11 万 kW 化学储能，它的建成将是目前世界上规模最大、集风电、光伏发电、储能及输电工程四位一体的可再生能源项目，将对可再生资源的规范开发起到重要的示范作用。[①] 在风能和光能利用的基础上，张北县充分利用昼夜温差大，光线强的特点进一步开发利用气候资源，对农业生产中的喜光作物，杂谷、莜麦、亚麻、甜菜等进行研究开发。在巩固现有种植面积的基础上，进行了糖厂、酵母厂、饲料厂的三期扩能，打造循环经济生产模式的产业链条，带动周边农户增收。

---

③生态保健资源利用开发的产业扶贫模式

部分地处偏远，发展滞后的贫困地区拥有极佳的自然生态资源，人与自然的和谐相处，使得优良的自然资源逐步积累成为了极其珍贵的生态保健资源，成为了远近闻名的“长寿之乡”。在环境问题和健康问题日益受到重视的背景下，生态保健资源为贫困地区的发展提供了新的发展路径，健康长寿休闲产业成为了颇具特色的发展模式。

长寿特色产业是依托长寿之乡的生态环境资源和长寿文化资源而兴起的产业，是拥有长寿之乡地缘优势的产业，具有不可复制性和不可移植性，是难得

① http://news.hexun.com/2010-11-19/125718695.html.

的具有绝对比较优势的资源。目前我国共有41个“长寿之乡”，中西部省份共占24个，半数以上位于贫困地区，位于连片特困地区的国家级贫困县占到了8个。随着基础设施的不断完善，更多的贫困山区得以开发利用独特生态资源，以健康养身为主题的生态产业发展方兴未艾，致力于长寿产业发展和扶贫开发工作，将大有可为。

案例 4-4

位于滇桂黔石漠化片区的广西壮族自治区巴马县是健康保健休闲产业的先行者。巴马依托得天独厚的资源优势和旅游品牌优势，大力发展长寿健康休闲养生产业，休闲养生旅游已成为群众脱贫致富的主导产业，旅游接待人数从2006年的11万人次提升到2012年的217.72万人次，创造了广西旅游发展史上的“巴马现象”。

巴马县在产业发展过程中不断增强开放合作意识，借力发展壮大旅游经济。扩大开放合作，全力融入多区域发展，打造世界级养生度假品牌和国家级长寿健康产业精品。一是立足本地优势，积极参与跨区域合作，构建更加积极的开放合作新格局。充分利用广西将巴马长寿休闲养生产业列为全区新兴产业的政策优势，加强与经济发达地区的交流合作，争取在中国—东盟自由贸易区、泛珠三角、长三角经济圈等地建立高端客源基地，不断开拓客源市场，促进产业衔接和资源开发，实现借力发展。积极融入“京西沪桂”经典国际旅游线路和少数民族风情游、世界长寿之乡休闲养生游、桂西红色福地游等精品旅游线路；积极融入红色旅游跨省联盟，泛珠区域旅游联盟和中越国际旅游合作区，全面提升巴马旅游业的知名度和竞争力，推进无障碍旅游区建设。二是开展局部区域协作，共建巴马国际长寿养生旅游区。依托盘阳河流域的自然环境、长寿生态、民族风情、历史文化等优势资源，以巴马为中心区域，将巴马、东兰、凤山、天峨、都安、大化打造成以养生度假、生态休闲、文化体验为主体功能的国家生态旅游基地，建设成为国内一流的生态旅游目的地。①

① http：//gx.people.com.cn/n/2014/0512/C357100-21187682.html.

（2）第二层次：资源开发模式

①基于碳交易的产业发展模式

全球变暖问题日益突出，碳交易成为了一种新的产业化扶贫途径，是诸多扶贫模式中最能够代表低碳发展方向的模式，也是能够获取直接经济收益的低碳发展模式。碳交易并非独立存在的模式，是在以往基于资源生态扶贫开发的基础上，进一步以低碳发展目标整合相关资源，通过碳排放权交易融入全球碳交易市场，获取外来资金和技术支持的模式；是将金融、咨询、国际贸易等高端服务业与产业升级、农业现代化、现代服务业发展等相融合的模式。由于碳减排和碳汇交易涉及诸多行业，需要形成特定的规模和项目才能逐步开展，在这一模式推广过程中，各级政府相关职能部门需要通力合作，积极引导海外资源和社会资源的参与，努力打造碳交易平台和碳交易产业链，以保证这一模式的有效推广，促进地方经济的繁荣和贫困人群的增收，使我国贫困地区真正走上一条保护和发展良性互动，自然生态和经济社会和谐共赢的科学发展之路。

在贫困地区，基于林业碳汇的扶贫模式在其中是最具有代表性的模式。林业碳汇和林下经济的发展相得益彰，可以作为低碳扶贫开发的有效形式加以推广，有效解决了扶贫资金短缺，募集运筹资金低效，及如何整合利用国际资源等问题。

林下经济的发展，对直接提高农户收入大有益处，尤其对于不宜农耕的地区，采用林下经济的发展模式，避免破坏性耕作方式对环境的破坏，对于低碳扶贫的工作具有积极的促进作用。目前的林下经济方式一是大力发展林下种植。充分利用林下资源发展种植业，因地制宜开发林果、林草、林花、林菌和林药等模式。二是发展林下养殖，采用立体养殖，大力发展林禽林畜。三是发展森林旅游。

林业碳汇项目是目前国际社会日臻成熟和重视的模式，是解决贫困地区环境保护与社会发展的矛盾问题的创新途径。我国森林资源丰富，而森林具有碳汇和碳源两种特性。从节能减排的长期成本来看，通过植树造林的方式成本远远低于通过工业升级，治理污染减排的方式。因而其作为一种缓解全球温室效应的有效途径，受到国际普遍重视。我国于 2001 年开始启动全球碳汇项目，自国家林业局成立碳汇管理办公室以来，国内推行碳汇项目的试点和研究与日俱增，遍布内蒙古、广西、四川、云南、辽宁、河北、山西等地。但就当前国内外的发展态势而言，农业和林业碳交易的项目数量和规模并不容乐观；随着国内碳交易试点的建立，中国自愿减排项目（CCER）流程的走通，农林业项目以其特有的保护地区的物种多样性、防风固沙、改善农民生活等方面的外部效应，更应该受到普遍的重视。业内专家建议，对于农业、林业项目来说，要深层次发掘它的商业价值，还是应该两条腿走路，有可行方法学以及相关工具的农林业项目，可以尝试走 CCER 的方向；对于正外部性强，生态效益显著，但是方法学不够成熟的项目，基于企业的社会责任以及碳中和的需求，向自愿减排市场方向发展。根据报道，北京环境交易所于 2009 年 12 月推出了中国第一个自愿减排标准——熊猫标准 1.0 版本，其中就针对中国的农林业减排项目开发，建立了与国情相符并兼容国际规则的中国自愿减排项目市场的核证体系、定价体系、注册体系，从而促进工业补偿农业、城市补偿农村、高排放者补偿低排放者等一系列操作标准。①

这一模式尚处于起步阶段，进入壁垒较高，符合发展条件的地区应首先立足于生态保护和改善民生，引进外部资源逐步提升组织化程度以进入碳交易市场。此外这一模式可与新能源开发、可持续农业等其他模式相融合，多渠道开发碳汇产业，获取碳交易收益。

案例 4-5

地处黑龙江省的伊春市近年来充分重视林业在应对气候变化中的特殊作用，采取了加强森林资源管理力度，主动停止森林主伐、扩大森林抚育和植树造林等措施，全市森林总储蓄达到 2.71 亿 m^3，森林覆被率达到 86.6%，分别比 4 年前增长 14% 和 2.8%。伊春森林和湿地每年释放氧气量 1 030 万 t，固碳 12.3 亿 t 以上，为环境保护和国家生态安全作出重要贡献。通过与中国绿色碳汇基金密切合作，在汤旺河林业局开展了森林经营增汇减排项目试点，无论从林业碳汇技术层面还是实践层面，都是一次开拓性的创新。它产生了我国第一个森林经营增汇减排项目方法学以及森林经营类碳汇产品。2013 年，伊春与河南勇盛万

①http://www.gesep.com/Hot/show_2_188609.html.

家豆制品公司签订碳汇认购协议，实现国内购买森林经营碳汇的第一笔交易。

在政府主导碳汇项目的同时，众多企业也积极加入其中，不乏知名外企，形成了政府、企业、农户相结合的密切合作模式。2011 年 9 月 20 日，诺华川西南林业碳汇、社区和生物多样性项目的第一批约 1.2 万株树苗在四川省凉山彝族自治州昭觉县种植完成，标志着诺华“抵消碳足迹”项目正式进入造林阶段。该项目预期在未来的 30 年内吸收大气中的 120 万 tCO_2，并有望申请成为“联合国气候变化框架公约”下的“清洁发展机制造林 / 再造林”项目。诺华川西南林业碳汇、社区和生物多样性项目是诺华公司在全球实施的第三个、在中国实施的第一个利用森林碳汇抵消碳足迹的项目。经过多轮考察后，最终在四川省凉山彝族自治州的昭觉、越西、甘洛、美姑、雷波五个县及申果庄、麻咪泽、马鞍山三个大熊猫自然保护区确定了 63 个造林地块，覆盖约 4 328hm^2 植被已退化的山区土地 。①

---

②基于信息化平台的产业发展模式

在网络经济时代，我国农村扶贫主流工作模式中存在着滞后于时代发展的缺陷，即轻视电子商务在农村扶贫中的重要作用。信息是经济发展的必需要素，地理区位劣势所导致的交通不便和信息交流不畅是连片特困地区最关键的致贫因素之一，尤其是在闭塞型贫困地区；利用信息化工具和平台能够最大限度地弥补这一劣势，有效推动贫困地区优质资源的开发和交易，促进产业发展和农民增收。经济发达省份的贫困县市已经首先认知到信息化对于改造本地区传统产业的推进作用，并在实践中获得了显著的效果。“电商扶贫”模式不仅能够整合各贫困地区现有的特色资源，通过信息化平台进行交易；而且能够将传统资源和信息化资源整合，形成新的产业资源，构建优势产业。在这一模式中，小微企业、合作社、个人等构成了模式的微观主体；龙头企业和行业协会在产业深化的过程发挥产业协同分工和产业链构建的功能；政府相关职能机构主要负责打造区域整体品牌，搭建信息和物流平台，通过提供公共服务推进产业的有序快速发展。

① http://www.sc.xinhuanet.com/content/2011-09/24/content_23773880.htm.

案例　4-6

遂昌县是浙江山区科学发展综合改革试验区之一，2003 年，遂昌县政府整合资源搭建服务于当地经济发展的电子商务公共平台，发挥山区自然环境优越、农产品丰富的优势，利用电子商务弥补该县农民专业合作社和小微型企业市场信息闭塞、营销手段缺乏、物流不畅的短腿，将电子商务作为当地经济转型升级的重要手段大力推进。

2010 年 3 月，由政府牵头、多家企业、单位联合发起成立了遂昌网店协会，是丽水市第一家网商组织。协会目前拥有会员 1 200 多个，110 多家网货供应商，近 10 家包括物流、快递、银行等在内的第三方服务商会员。2011 年 3 月，协会又开办了“麦特龙”特产仓储商城，专门收集农特产品。2012 年 5 月，遂昌和阿里巴巴集团淘宝网战略合作签约，阿里巴巴将遂昌确定为农产品电商模式的首个试点地区。县政府抓住与淘宝网合作的契机，整合现有上千网店、遂昌旅游网等资源，在淘宝网上进行遂昌旅游资源的推广与销售，“千家网店买旅游”正式启动，大大提高了遂昌的信誉度和美誉度。从 2012 年 9 月开始，遂昌县在淘宝网开设第一家县级特色馆，商定只卖农特产品。如今当地农村电子商务发展一片红火。竹炭、烤薯、笋干是当地的几大特色农产品，经过电子商务的“催化”作用，当地特色的竹炭产业年销售额达到近 2 亿元，提升了近 10 倍，其中一半以上为网上销售额。

在遂昌的农业信息化发展过程中，当地政府整合企业、合作社、农户等多个主体的特色资源，构成了高效运作的产业链条。政府发挥积极主导作用，建设融市场主体性和公共服务性为一体的创业服务平台，使电子商务经营者从“单兵作战”实现“抱团作战”，既通过政府信用提升了商品价值，又有效降低了开网店者的经营难度及经营风险。同时，借这个平台，把遂昌的特产、美食以及遂昌的旅游产品，附带遂昌的环境、文化整合成一个整体对外推广，打造出遂昌网络销售的立体名片。[①]

---

①http://www.cfen.com.cn/web/meyw/2012-08/25/content_902296.htm.

2. 产业维度分类

1）第一产业低碳生态的发展模式

（1）测土配方施肥技术的应用

低碳生态农业的扶贫开发模式仍然是未来我国扶贫工作的方向和主导。实施真正的低碳生态发展，需要做到以民生为根本，以经济发展为中心，以人和自然的可持续发展为目标。在以土地为依托的低碳生产模式中，首当其冲的应当是测土配方施肥。测土配方施肥是国家2005年启动的低碳农业项目，农业部坚持“试点启动，稳步扩展，全面普及”的发展思路，由外延伸扩展到内涵提升。自2012年起，农业部决定将测土配方施肥工作重心转移到配方肥推广应用上来，在“巩固、拓展、延伸”上下工夫，推动测土配方施肥向配肥施肥环节深化，向园艺作物拓展，向改进施肥方式延伸，这也标志着我国的测土配方施肥进入新阶段[①]。

测土配方施肥作为一项先进的科学施肥技术，应用效果非常明显，对促进粮食稳定增产、农业节本增效、农民持续增收和节能减排发挥了积极作用，主要体现在“双增、双节、双优、双提”四个方面。

一是实现了作物产量和农民收入“双增”。根据测土配方施肥示范区调查结果，与常规施肥相比，水稻、小麦、玉米等主要粮食作物单产增加6%～10%，亩节本增效30元以上；经济作物增收效果更为明显，亩节本增效80元以上。

二是促进了生产成本和资源消耗“双节”。据统计，测土配方施肥示范区一般每亩减少不合理施肥量1～2kg（折纯，下同）。截至2012年，通过实施测土配方施肥，全国累计减少不合理施肥850多万t，据专家推算，相当于节约燃煤2 220万t、减少CO_2排放量5 730万t。同时，减少氮、磷流失6%～30%，节能减排效果明显。

三是加速了施肥结构和肥料产业结构“双优”。通过项目实施，基本摸清了我国氮磷钾肥农业需求，为防止氮肥、磷肥产能盲目扩张及合理配置钾肥资源发挥了积极作用，促进了肥料产业、施肥结构优化调整，配方肥施用比例逐步上升，氮肥用量过快增长的势头得到初步控制。2012年，农业部组织开展全

①http://www.farmer.com.cn/xwpd/jjsn/20130529-847578.html.

国农企合作推广配方肥试点，各级农业部门与 1 200 家肥料企业签订合作协议，扩大配方肥生产供应，推广应用配方肥面积 5.6 亿亩。同时，乡村智能化配肥供肥服务网点得到快速发展。

四是推动了科学施肥水平和肥料利用率“双提”。通过项目实施，农民重化肥、轻有机肥、偏施氮肥等传统观念正在逐步改变，广大农民科学施肥意识明显增强，不少农民主动要求农技人员取土测土，有些农民还主动送土样要求化验、开方、按方购肥。随着项目的不断深入开展，逐渐满足农民个性化服务需求。据抽样调查，在粮食作物测土配方施肥示范区，有 70% 左右农户采用了测土配方施肥技术。通过专家组对肥料利用率测算和验证试验分析，测土配方施肥示范区粮食作物肥料利用率较农民习惯施肥明显提高。[①]

案例 4-7

在国家初定的 11 个连片特困地区中，已有不少省市县在积极实施推广测土配方施肥，以内蒙古的兴安盟突泉县为例，测土配方施肥已经得到了推广应用，产生了极好的经济效益，改变农民传统施肥观念的同时，取得了良好的生态效益。据突泉县农牧业局相关科技人员介绍，测土配方施肥的实施，能避免偏施、滥施化肥，有效地提高化肥利用率，减少化肥投入量，防止施肥不当造成的作物营养不良，促进农作物植株健壮生长。同时通过积极引导农户使用农家肥，大力推广秸秆还田，也有效地加快了有机肥的利用，明显改善土壤养分结构，提高了耕地质量。据了解，通过测土配方施肥项目的实施，化肥表施、撒施的现象减少，流失的氮磷钾减少，水质逐渐变清，推广测土配方施肥也使作物长势健壮，一般粮食作物减少农药施用次数，农户肥料利用率提高 3.5%，减少了化肥投入，增加了玉米、豆类的产量，提高了综合生产能力[②]。

① 农业部就三大主粮科学施肥区域大配方答记者问，2013-07-26.

② http://xam.nmgnews.com.cn/article/20130522/277462_1.html.

（2）秸秆循环农业的推广

秸秆是农业生产的副产品，以农业为主的贫困地区秸秆资源丰富，处理不当可能导致环境污染问题。通过充分利用秸秆沼气的循环模式，能够有效利用生物质资源，符合可持续发展的原则和要求。除了上述日渐成熟的测土配方施肥，以秸秆带动的循环农业在中国县域地区和乡村得到了更为广泛的利用和推广。秸秆农业与测土配方施肥不同之处在于，其不仅仅是降低农民耕作成本，更重要的是以秸秆作为新的生物质能，在多方面发挥作用，促进农业产业链的发展。位于经济发达地区的山东滨州作为秸秆使用的典型代表，是中国目前运用秸秆最为完善和超前的地区，也是全国其他地区省份需要借鉴与学习的典范。对于贫困连片地区而言，无论是资源短缺型贫困，还是交通不便类型的贫困，秸秆作为一种便捷性资源，都可以深度开发，加以利用，有些地区已经启动秸秆发电工程。总体来看，秸秆循环农业在东部发达地区的发展要优先于中西部贫困地区，如江苏、山东等省，在秸秆循环农业的基础上已经扩展到其他能源领域的研发和使用。贫困地区的秸秆运用仍在初始阶段，旨在解决当地资源短缺的实际问题，以生物质能减少农民的能源负担、财力费用、降低生活成本，实现初级阶段的脱贫任务。

案例 4-8

2010 年，位于大兴安岭片区的齐齐哈尔市拜泉县就已经开发了秸秆等生物质能综合利用项目，通过对生物质能的综合利用，提高农业资源利用率，促进工业节能减排，推进农作物秸秆等废弃物循环利用，减少工农业环境污染，改善人们的生产生活条件。在新上项目，推进循环经济重点突破的同时，据测算，生物质能综合利用项目可使全县 46 万 t 秸秆变废为宝，实现收入 9 200 万元，农民户均增收 939 元。同时，安置就业 3 500 人，实现收入 5 400 万元。[①]

相对北方地区，地处南北分界线的秦巴山区更适宜沼气的发展。四川广元苍溪县通过四项基本工作，启动了苍溪的绿色低碳扶贫工作，一是实施清洁能源工程，充分利用太阳能、沼气替代传统能源，减少生活碳排放。二是提高农

①http://www.hlj.gov.cn/zwdt/system/2010/10/30/010111442_01.shtml.

业科技化水平，加大生物肥料的利用，继续推行“果沼畜”等生态循环种养模式，常年保证秸秆覆盖还田40万亩以上，秸秆综合利用100万亩以上；通过测土配方、缓控释肥等方式合理施放化肥，推广测土配方施肥面积达100万亩以上，提高氮利用率，减少化肥用量；科学使用农药，推广病、虫、草害绿色防控面积达100万亩以上，减少农业、农村生产、生活性CO_2排放。三是加大植树造林力度，提高全县森林覆盖率，既有利于保护生态环境，又有利于碳的中和。①

地处滇西边境山区的云南省牟定县也为此做出不懈努力。牟定县以提升优势产业和生产无公害、绿色、有机农产品为目标，遵循“绿色、低碳、循环、再生”的原则，采取鼓励施用农家肥、循环模式节省资金、科技服务到地头，积极推进“低碳”农业。

牟定县加大农业综合执法力度，推行市场准入制度，遏制源头污染，严格控制农药、化肥等农业投入品使用。推广使用太阳能杀虫灯、生物农药和测土配方施肥技术，控制化肥施用量，提倡农业“低碳”生产，引导农民少用化肥多用生物肥料，不搞秸秆焚烧，多搞秸秆还田，同时引导科学利用牲畜粪便，鼓励多施农家肥。牟定县建立相对集中的标准化养殖小区，实现猪-沼-果(粮、茶、蔬）生态良性循环发展。沼气池建设不仅使农村的资源得到有效利用，而且通过改厕、改厩、改厨等建设，把农村的“三废”（秸秆、粪便、垃圾）变成“三料”（燃料、饲料、肥料）。目前，全县已建成沼气池24 811口，按每口沼气池年产有机肥4t、节约800元计算，可为农民年节省肥料钱1 900多万元。②

目前中国低碳农业发展方式仍在探索之中，除了上述的测土配方施肥和生态循环的秸秆农业，仍有很多低碳之路可循，就目前的秸秆循环农业而言，已实施的乡村和地区应该争取更大层面的合作，及更高层次的利用，充分发挥秸秆农业的能源型优势。如成立生态农业合作社，从简单的农户模式，转变到合作社模式，或农村社会化服务组织。以现有的组织模式为依托，大力促进农村低碳农业的发展。

①http://www.cngy.gov.cn/ht/2012/6/136928.html.

②http://www.chinaacc.com/new/184_900_201107/05lv382170220.shtml.

2）第二产业低碳化改造的绿色环保模式

以新能源开发利用为主要特性的低碳产业是第二产业低碳化发展的典型代表。除此之外，大量的传统工业仍然是碳排放的主要来源，尤其是在欠发达的贫困地区，工业化尚处于初级阶段，粗放式的发展方式亟须调整，以节能环保为目标的第二产业低碳化改造不失为一种卓有成效的低碳发展模式。

党的十六大、十七大、十八大报告中，都已明确表示以生态文明建设为己任，将生态文明提高到与经济社会发展相并重的高度。坚持以信息化带动工业化，以工业化促进信息化，走出一条科技含量高，经济效益好，资源消耗低，环境污染少，人力资源优势得到充分发挥的新型工业化道路，可持续发展能力不断增强，生态环境得到改善，资源利用效率明显提高，促进人与自然的和谐。十七大以十六大为基础，将生态文明加以升华，坚持生产发展，生活富裕，生态良好的文明发展道路，建设资源节约型和环境友好型社会，实现速度和结构质量效益相统一，经济发展和人口资源环境相协调，使人民在良好的生态环境中生产生活，实现经济社会永续发展。在十八大报告中，我国更是将生态文明作为打造五位一体中华文明的必要举措。自十六大对生态文明的建设提出要求以来，我国大部分省市地区已经开始走上生态文明、生态改造的道路上。低碳改造势必成为我国在新时期对发展的新要求，我国的环境质量有了明显的好转正是基于低碳改造的实施，是近10年特别是“十一五”以来国家强力推进节能减排的结果，也是各地各行业加快调整产业结构、促进产业升级的结果。近10年来，全国各地采取上大压小、关停并转等一系列淘汰落后产能的举措，有力地促进了产业结构升级。“十一五”期间，全国淘汰煤耗高、污染重的小火电机组超过7 000万kW，淘汰落后炼铁产能1.1亿t、炼钢产能6 800多万t、水泥产能3.3亿t[①]。目前，我国的扶贫策略不仅仅局限于农业，对于众多贫困地区而言，农业的落后与工业和第三产业的滞后大有关系，因而，扶贫农业的同时，第二、三产业的扶贫开发任务依然艰巨。在淘汰固有旧模式，产业升级为主导方向的基础上，对于第二、三产业的扶贫开发，应该落实到低碳改造和低碳产业园的建设上来。

①http://cpc.people.com.cn/18/n/2012/1105/c351073-19493479-2.html.

案例　4-9

以陕西府谷县为例，陕西府谷县府的产业改造得益于实施的环境立县发展战略。陕西府谷县曾以煤炭资源开发的方式发展经济，涌现出大批依靠简单开采和转化为主的小企业，但是对整个经济造成极为严重的破坏，严重影响了经济的后续发展和整个地区的生态环境。因此，进入 21 世纪，县政府大力淘汰落后产能，全面实施减排工程，调整产业结构，实施产业升级，近年来，当地累积关闭生产工艺落后，污染严重企业 552 户，共投入 13.9 亿元用于环境保护工程[①]。目前，府谷县已经按照“大园区承载，大产业支撑，大项目推动，大集群发展”的思路，科学规划了 4 个工业集中区和 8 个产业园，组织煤业、镁业、煤化工、煤电冶化四大民企集团入区进园，实施循环经济的发展战略。

同样，在江西的贵溪市也存在对旧高碳产业的关停并转，开启低碳产业发展。江西贵溪市由于多年的粗放式发展，多年累积的重金属污染问题严重，频频出现血铅超标、尾矿泄漏引发的水污染等事件，该类重金属污染问题不仅仅关系到居民的生活健康，也同时关系到食品安全产业链的安全问题。因此，从 2009 年起，江西省委开始深入基层调研，先是投资 3.4 亿元将庞源、其桥和苏门三个村庄整体搬迁，接着又进行周边农田的综合治理，将农田林地全部纳入土壤的综合治理规划。在整个“十一五”期间，江西省大力推行节能减排工作，建立完善标本兼治的节能减排长效机制，实行项目准入的环保部门否决制、环境责任追究制、生态环境一票否决制，将节能减排纳入领导干部的政绩考核指标。因而，整个减排工作成效显著，为低碳经济的铸造打下坚实基础。[②]

3）第三产业扶贫环保的发展模式

①生态旅游扶贫发展模式

中国目前确定的 592 个贫困县中，大部分贫困县区都位于交通不便的中西部地区，在现有的发展模式下，寻求低碳扶贫开发，不仅仅是产业低碳化升级

①http://cpc.people.com.cn/18/n/2012/1105/c351073-19493479-2.html.

②http://theory.people.com.cn/n/2012/1105/c40531-19495092.html.

改造，引进新的低碳产业和新兴能源产业，更重要的是根据中国旅游市场的兴起，用旅游业为贫困地区的发展打开突破口。这些贫困县大多风景优美，自然资源丰富，然而距离大中型城市较远，并呈现出零散分布的状态，致使旅游成本过高，吸引力不足。旅游经济的发展往往需要政府和民间投资协同整合多地旅游资源，打造规模化旅游景区以吸引足够客流。

生态旅游的开发模式是指通过自然景观与文化生态的有机组合以满足人们精确消费和深度体验的需求，在团队运作和专家服务的基础上以吸收自然和文化知识为取向的旅游活动。其宗旨是尽量减少对生态环境的不利影响，确保资源在可持续利用的基础上，将生态环境保护和公众教育共同促进地方经济社会发展的有机结合。[①]目前，中国城市化发展迅速，生态旅游已成为城市生活中越来越多的一种休闲模式，而生态旅游的市场开发却没有跟得上需求的发展，市场开发滞后和贫困地区丰富的生态游资源存量形成显著落差，没有建立起成熟的旅游资源开发体系，呈现出发展模式单一、创新匮乏的现象。根据国家在连片扶贫开发规划中提出的“坚持经济发展与生态环境保护相结合”的原则，连片扶贫开发一定要打好自然生态这张牌。发展生态旅游产业可以作为连片扶贫开发的一项重要产业。川西北高原藏区和大小凉山彝区在现有生态旅游产业基础上，高起点打造秦巴山生态旅游区和乌蒙山生态旅游区，以此完成4个连片扶贫开发地区生态旅游发展的产业布局；对大九寨、贡嘎山周边、稻城亚丁、泸沽湖、川西湿地等地，推动旅游产业升级；扶持建立生态旅游消费品供给和行业服务体系，打造生态休闲、民俗风情、红色旅游等品牌；加快观鸟观花旅游、生态摄影旅游等具有高附加值的生态旅游产品的开发设计，并建立一批与社区紧密结合的主题公园[②]。

案例 4-10

贵州省的生态旅游开发成效显著，其主要依靠加强生态建设促进生态旅游。以生态旅游的开发促进贫困地区脱贫致富。黔西南州在开发旅游资源的过程中，

---

① 沈尤．让生态旅游助力连片开发．

②http://www.greentimes.com/greentimepaper/html/2012-10/17/content_3217498.htm.

重视相应的生态保护工作，特别是国家实施西部大开发战略以来，坚持把生态建设作为一项重大战略任务，以旅游景区、公路沿线、中心城镇、重要流域和水源保护地、自然保护区、人口集中居住地为重点，扎实推进“珠防”工程、退耕还林、石漠化治理、封山育林、公益林管护、重点地带绿化六大生态体系建设，并取得显著成效，极大地改善了全州的生态环境。打造生态旅游休闲度假目的地是发展生态旅游的目标。目前，黔西南州坚持“生态为先、文化引领、创新推动”的旅游产业发展战略，以建设“水墨金州”生态旅游休闲度假目的地为目标，加强旅游基础设施建设，提升综合服务水平，着力打造一批精品旅游线路，重点推出喀斯特生态游、特色民族文化体验游、户外运动健身游、高端商务休闲度假游四大旅游产品，全力打造“山水长卷•水墨金州”旅游品牌，把黔西南州建设成为全国知名的旅游目的地、优秀的布依族文化体验中心、体育与旅游相结合的示范区、喀斯特地区生态旅游示范区、黔滇桂三省（区）结合部游客集散地[①]。

生态旅游对于贫困地区来说是最简单利用资源的最有利形式，既符合我国长期发展的国策，同时也维护了环境，创造了经济社会均衡发展的动力。坚持科学有序合理的开发，是新时期贫困地区进行扶贫开发工作的又一有力武器，对正确处理生态文明和文化文明的关系作出正确的指示。其次，生态旅游符合国家的扶贫策略，建立生态旅游示范区，通过旅游开发带动当地群众增收，让旅游者在活动中受到教育，增强对生态环境的保护意识。

在我国西北地区的秦岭山区，也同样将生态旅游经济作为今后发展的重点。在秦岭的宁陕县有“天然氧吧”、“生态福地”等众多美誉，全县森林覆盖率达90.2%，居全省之首，境内生态旅游资源极为丰富，自然景观美妙，人文底蕴深厚；大熊猫、金丝猴、羚牛、朱鹮四大国宝齐聚，森林植物景观古朴优美，秀冠三秦。2007年，伴随着西汉高速公路的贯通，宁陕牢牢抓住这一千载难逢的历史机遇，立足丰富的资源优势和便捷的交通优势，坚持把市场化运作、招商引资作为旅游开发的突破口，创新工作机制，敞开山门筑巢引凤。倾力打造让各类投资创业者动心的政策环境、放心的法制环境、顺心的体制环境、舒心

①http://city.sina.com.cn/city/t/2012-05-09/175229814.html.

的生活环境和倾心的人文环境，加快优势资源向经济优势的转化[①]。宁陕县不仅以旅游开发作为发展的动力，更是将社区开发融入旅游开发的进程中，让农民变市民，带动当地的城镇化发展。社区化开发是全民参与的新模式，更符合我国城镇化发展的趋势。生态城镇化是将来国家生态旅游的战略选择，对于人和自然的关系维系，生态环境的良性循环，经济的高速增长都极为有利。因而，生态旅游发展模式必将成为维护代际代内公平的最佳扶贫开发模式，得到更多的重视和支持。

---

②现代服务业绿色扶贫新模式

发展第三产业是经济社会发展的必然要求，只有以市场为导向的第三产业得到良好的发展，才能有效刺激市场的活力，进一步推动第一、第二产业的良好发展。2013年中央一号文件中明确指出，提高农产品流通效率，统筹规划农产品市场流通网络布局，重点支持重要农产品集散地，优势农产品产地市场建设，加强农产品期货市场建设。大力培育现代流通方式和新兴流通业态，启动农产品现代流通综合示范区创建。我国对于贫困地区的扶贫开发更要重视现代服务业对经济社会发展的重要作用。

目前农产品的物流和交易是整个农业发展链条的瓶颈所在，低效的交易环节和高额的交易成本使得贫困地区优质农业资源难以转化为经济资源。促进贫困地区农产品物流业的发展，形成有效的农产品集散地，塑造新型现代服务业体系，是解决贫困发展的当务之急。农产品物流是包括农产品的生产、收购、分销、运输、仓储、包装、配送、装卸搬运、流通加工、信息处理等一系列程序的有机结合。农产品最终要通过市场来实现其价值，农业生产具有的地域性、季节性的特点决定了其对流通环节要求极高。以现代服务业为纽带对贫困地区进行扶贫开发，需要完善相应的配套技术，提高农产品服务的社会化，注重利用农民合作社等现有资源，包括对农民的培训、信息技术的推广等。

---

①http://news.cnwest.com/content/2013-05/12/content_9200363.htm.

案例　4-11

目前，我国有八大蔬菜及农产品集散中心，但大多位于发达的东部地区。在西部，很多地区由于山路偏远，运输困难，难以形成有效的集散地，但是，鉴于其特色的农产品产出，很多省市都在尝试建立片区型的物流中心。

位于六盘山区的甘肃定西依托当地马铃薯生产基地的优势建设了马铃薯交易中心。该中心启动于 2006 年，建设于定西市安定区凤翔镇石坪村，交易中心总规划占地 158 亩。交易中心包括综合信息大楼、收购服务区、其他农产品交易区、物流配载区。建成的交易中心，马铃薯交易规模达到 42 万 t/a，市场年销售收入 21 000 万元，利润总额 493.85 万元，税金 163 万元，成为全国最大的马铃薯集散中心、价格形成中心、信息发布中心、物流配载中心、展览展示中心之一[①]。

大别山区的茶叶集市也是规模化集散中心的代表。大别山茶市地处光（山）、潢（川）、新（县）、商（城）四县结合部的河南省光山县白雀园镇，茶叶是白雀园的优势产业，茶叶生产历史悠久，古时就是淮南重要的茶区。改革开放以来，白雀园镇选准发展茶叶这个优势特色产业，采取一系列措施，倾力打造茶业“航母”，茶基地、茶企业、茶市场等蓬勃发展，群众从中得到丰厚的回报。大别山茶市年交易量 1 500 万 kg，年销售额达 3.5 亿元，成为南茶北运的中转站、集散地。白雀园镇在进行广泛市场调查的基础上，采取多项举措进一步繁荣大别山茶市。大别山茶市环境的优化，深受广大茶商和茶农的欢迎，据统计，逢集日茶市内从事茶叶交易达到 4 000 余人，是 2011 年同期的三倍以上，日交易量达 4 800kg，日交易额在 80 万元以上。[②] 大别山茶市的形成，主要得益于当地省市县政府的正确引导和通力协作，向所有投资者和经商者开放，形成有效的茶贸协会，信息流通顺畅，完善的社会服务体系亦是形成茶市的有效因素。大别山茶市的发展对现代服务业带动农业推进扶贫开发进行了良好的诠释。

---

①http://finance.people.com.cn/GB/8215/86182/86190/5921911.html.

②http://baike.baidu.com/view/5698602.htm.

4.2 贫困地区低碳发展评估指标体系

4.2.1 指标体系构建的基本原则

贫困地区低碳扶贫发展模式评价指标体系要有明确的量化指标和相应的指标分类，采用与资源、环境、生态、社会、经济相契合的考核评估办法。构建该体系需要遵循科学性、系统性、可行性、动态性、政策性等基本原则。

1）科学性原则

指标评价应建立在科学的基础上，符合连片特困地区低碳经济发展的客观规律和环境保护方面的要求，从科学的角度系统而准确地理解和把握低碳扶贫工作，既能准确、全面、系统地体现贫困地区环境保护的内涵特征，又要突出低碳型经济社会发展的实施目标，为科学发展决策提供客观依据。指标评价以环境经济相关理论、系统理论、经济学理论等为依据，采用规范的研究方法，结合具体的事物情况、适时适地的分析，结合当地的区域优势、地理位置、特色农业、现有优势和人力资源等因素，较为客观事实地反映将来演化状态。

因此，评价指标体系必须与扶贫发展的目标及过程相匹配。连片特困地区处于特殊的发展阶段，发展才是根本目的，单方面强调贫困地区承担低碳和生态目标不是科学的发展观。同时，在借鉴当前通行的低碳评价指标体系的同时，也要注意到诸多指标并不完全适用于贫困地区。第一，科学看待贫困地区所处的经济社会发展阶段，贫困地区当前处于投资建设期，经济社会跨越式发展可能会导致碳排放强度较高，以往维持在低发展水平的碳排放强度并不是社会与自然和谐发展的表现。第二，科学分析贫困地区在产业链所处的位置，由于贫困地区往往处于产业链的劣势环节，发达地区从贫困地区低价获得了大量的生态资源，客观上造成贫困地区承担了额外的碳排放，因此需要构建必要的生态补偿机制。第三，以科学评价指导贫困地区工作开展，当前的指标多数直接评价碳排放的总量和效率，重在评估结果，而非分析碳排放的来源。低碳扶贫工作必须注重事前评估，过程监督，避免走过去“先污染，后治理”的老路。因此指标体系除了包含“事后评价”的指标外，必须还要包含“过程监控”的指标，注重评估当前扶贫工作的“低碳”属性，重在评价扶贫工作与环境—社会—经济的耦合程度。

2）系统性原则

社会经济发展环境是一个复杂的系统，它由经济子系统、资源子系统、社会子系统、自然环境子系统等多个相互作用、相互影响的子系统组成。各系统并不是孤立的，而是相互之间有信息、物质和能量等要素的流动和交换。指标评价应全面反映社会、经济、资源、环境以及人口的主要特征和相互关系，把一系列与低碳经济发展和环境保护有关的指标与扶贫工作有机地联系起来。

（1）与经济发展目标相匹配

扶贫工作的最终目的是促进贫困地区经济社会的全面发展，提高当地人民群众的生活状况。中国经济经历了近三十年的高速发展，从根本上提高了中国人民的生活水平。改革开放以来，我国陆续实施了西部大开发计划，中部崛起计划，“八七”扶贫攻坚计划等国家战略，都是希望以国家政策带动欠发达地区的经济发展，以政策的倾斜力度，加之资金的扶持，人力的输出，改变贫困地区的落后现状。因而，扶贫开发工作，归根结底需要落实到经济社会的综合发展与人民生活的改善上来。新时期，国家的经济发展目标是实现经济平稳较快的发展，主导产业的结构性调整，科技教育水平的提升，资源节约环境保护成效显著，人民生活水平持续改善，社会建设加强。扶贫开发工作更是应该紧扣上述目标，积极实施国家扶贫开发攻坚任务，争取将贫困地区人民生活水平在新的五年计划中得以突破性的提升。

（2）与资源禀赋相匹配

资源稀缺、人口承载量大、生态脆弱一直是贫困地区的发展瓶颈。实施低碳扶贫最为重要的是实施与资源特性匹配的可持续发展战略。要素和资源的有效配置与否，关系到扶贫工作能否顺利开展。低碳扶贫的开发方式必须是生态的经济发展方式，在不破坏代际公平的指导原则下，发展低排放，低污染，低消耗的集约式经济路线。在充分利用现有资源，集约化高效利用自然资源的同时，创造、补充、引进其他社会资源，改善资源禀赋。因而，指标体系的创立初衷，就是为了指引贫困地区突破完全依赖环境和资源的粗放式发展模式，开创以低消耗、高效率、高产出为目标的发展新模式。

（3）与低碳环保目标相匹配

低碳发展模式是基于我国现有资源紧缺，国际政治环境压力骤增，国内发展创新的系列现实因素所提出的。低碳模式的发展，符合我国所要求的发展模式，这也与国际的发展要求理念相一致。所谓“低碳扶贫”，意指在反贫困过程中，将贫困区域作为一个“自然—社会—经济”复合的大系统，全面分析区域内物质循环、能量流动和信息传递过程。从扶贫对象、扶贫方式、扶贫物资、扶贫教育和扶贫发展等各个环节，提出节能减排、减源增汇的目标、方法和措施。通过一系列措施的努力，尽可能减少或控制 CO_2 及其他温室气体的排放，创建良性循环的、生态的、低碳扶贫可持续发展模式。

3）可行性原则

建立评价指标体系的目的是针对目前贫困地区发展过程中经济社会的发展与环境的耦合程度进行有效评测。因此，指标选取要从实际情况出发，选择有代表性的主要指标，易于确定和考核。这些指标可以从不同的侧面和角度对整个扶贫开发的状况作出正确的评估与选择，指标体系过大或过小都不利于作出正确的评价。评价指标应尽可能采用定量指标，定性指标应有一定的量化手段，要尽可能地利用现有统计数据和便于收集到的数据，并尽可能与我国当前的统计指标保持一致。对于目前尚不能统计和收集到的数据和资料可暂时不纳入指标评价当中。

4）稳定与动态原则

评价体系中的指标内容在一定的时期内应保持相对稳定，这样可以比较和分析评价对象发展过程并预测其发展趋势。但经济发展、环境状况和科技进步是动态过程，因此，指标应随着社会、经济、科技的发展作适当的调整。考虑到指标评价在一定时期内的相对稳定，设计指标评价需兼顾静态指标和动态指标平衡，既反映低碳扶贫工作的现状，又反映其动态变化性，使静态指标和动态指标相结合。

5）政策性原则

鉴于扶贫工作和应对全球气候变化的特殊性和复杂性，对低碳扶贫工作进行综合评价，不仅要考虑当地的具体情况，也应从国家层面和国际形势角度宏观考虑。所以，设计低碳发展评价指标体系时，应该以国家的相关政策和相关国际公约为指导，与我国连片特困地区的产业发展及环境保护要求相适应，并跟踪国内外低碳经济发展的环境政策，综合反映低碳扶贫工作的现状及发展趋势。

4.2.2 指标体系构建

表 4-23　指标体系构建

一级指标	二级指标	三级指标	评价内容 / 具体指标	参考值	备注
产业发展类指标	碳排放与产业结构发展状况	低碳排放强度产业产值比例	第一产业和第三产业产值 /GDP	与该片区平均值比较	约束指标，需结合区位布局与碳排放强度分析
	产业发展能耗状况	万元地区生产总值能耗	下降绝对值	达到片区规划要求；与片区内平均值比较	约束指标
第一产业低碳生产状况	生产效率	化肥施用效率	化肥施用量 / 农业总产值	与该片区平均数比较	约束指标
		农药施用效率	农药施用量 / 农业总产值	与该片区平均值比较	预期指标
		农用薄膜使用效率	农用薄膜使用量 / 农业总产值	与该片区平均数比较	预期指标
		柴油使用效率	柴油使用量 / 农业总产值	与该片区平均值比较	预期指标
		水资源利用效率	农业用水量 / 农业新增产值	与该片区平均值比较	预期指标
	农业低碳生产技术发展状况	养殖污染物无害化处理率	养殖污染物无害化处理率	与该片区平均数比较	预期指标
		测土配方施肥推广状况	测土配方施肥面积 / 总耕地面积	与该片区平均数比较	预期指标
		秸秆还田推广状况	秸秆还田面积 / 耕地总面积	与该片区平均数比较	预期指标

第一产业低碳生产状况	农业低碳资源发展状况	高效节水农田面积	新增绝对数	与该片区平均数比较	预期指标；也可考虑相对数，高效节水农田面积增长率；或者高效节水农田面积占比
		退耕还林还草面积	新增绝对数	与该片区平均数比较	预期指标；也可考虑相对数，退耕还林还草面积增长率；或者退耕还林还草面积占比
		人均森林面积	森林面积 / 人口数	与该片区平均值比较	约束指标
		农户参与生物质能源开发情况	建设沼气池的农户 / 总户数	与该片区平均数比较	预期指标；评估生物质能源在农户中的覆盖比例
第二产业低碳发展情况	低碳工业园发展情况	低碳工业园产值比例	低碳产业园产值 / 第二产业产值	与该片区平均数比较	预期指标
		低碳工业园投资增长	引进低碳产业园的投资额增长率	与该片区平均数比较	预期指标
	生产效率	万元工业增加值用水量	工业用水量 / 工业增加值	达到片区规划要求；与片区内平均值比较	约束指标
		万元工业增加值能耗	能耗 / 工业增加值	与该片区平均值比较	约束指标
		工业“三废”处理率	工业“三废”处理率	与该片区平均数比较	约束指标
	第二产业低碳资源发展状况	新能源开发规模	产值规模增加值绝对值	与该片区平均数比较	预期指标；也可考虑使用新能源发电量占比
		新能源开发开发占比	新能源开发产值 / 能源产业产值	与该片区平均数比较	预期指标
第三产业低碳发展情况	生产效率	第三产业能耗	能耗 / 第三产业产值	能耗主要考察交通和电力消耗；与该片区平均值比较	预期指标
	产业发展状况	现代服务业发展状况	现代服务业产值增长率	与该片区平均数比较	预期指标

考虑到低碳扶贫的理念尚处于起步阶段，各种模式尚处于发展期，绝大多数的贫困县区都处于探索阶段。同时，由于地区之间在资源禀赋和发展阶段上存在巨大差异，评价指标体系难以同时覆盖所有的发展特征。因此，在设计评价指标时主要从产业和资源发展角度，对低碳发展状况进行评估。引导各贫困县区继续发展和修正当前的低碳扶贫工作。从产业维度评估当前产业化扶贫工作的碳排放状况，从资源维度考察低碳扶贫的基础和发展潜力，不仅仅是考察现有资源存量和资源消耗状况，更应注重开发投资建设的导向。

该指标体系的构建设计了三级指标。三级指标的设定目标在于纵向伸展，以深入细化的发展指标指导各级低碳扶贫工作的开展。主要分为总体的一级指标、次一级的微观指标及第三级的具体指标。在每一级横向分类指标中，主要基于现有可操作分类的思考，将一级指标细分为三次产业的发展指标。

低碳产业发展类指标方面，则按照产业归类进行考核，如何减少碳排放，减少森林、草原等自然生态的承载压力，同时带来经济效益的提高，是所有产业类型发展的现阶段目标，因而在所设定指标中，主要关注三次产业的具体操作环节，如农药化肥的使用效率及所带来的生产总值、柴油使用效率及产业总值，包括目前积极推广的测土配方施肥及秸秆还田的状况分析。

第五章　贫困地区低碳发展的思路及对策

5.1 贫困地区低碳发展的基本原则

贫困地区的低碳发展本质上仍然是一种发展模式的变化，不是限制发展，也不是降低贫困地区的扶贫力度，更不是降低贫困地区的生活水平，而是以控制碳排放为导向，通过改进贫困地区的发展方式，为贫困地区寻找出一条符合自身特色的、跨越式的科学发展道路。

针对贫困地区低碳发展起步晚、基础差的现状及特殊发展需求，在考虑国家整体碳排放控制目标的背景下，贫困地区低碳发展应遵循以下原则。

1）因地制宜

贫困地区由于其地域的宽旷性，在资源结构与特性上具有很大的差异，特别是在资源分布和资源禀赋上存在差异。不同地区在低碳发展方向和战略上需要充分考虑本地区发展的基础条件，宜林则林、宜农则农，制定科学合理的低碳发展战略，构建符合地区特征和区情的低碳发展新格局。

2）公平发展

“公平但有区别的责任原则”是国际气候变化谈判体制中的核心原则之一，也适用于我国低碳发展战略。不同的贫困地区在推动低碳发展过程中要解决的问题类型、轻重缓急也不同。因此，在推动贫困地区低碳发展的过程中，要充分考虑不同地区的历史情况、区位条件、发展水平和发展阶段，要维护其应有发展权利，统筹兼顾，以低碳发展为契机，最大限度地促进地区发展。

3）路径创新

对贫困地区来说，理性的发展策略是确立“源头减排”和“源头管理”的战略思路，彻底摒弃重复高碳化的传统发展模式，通过发展有比较优势、市场潜力大的特色产业、战略性新兴产业、新能源产业、服务型产业逐步探索出一条符合贫困地区特点、具备长期可持续发展潜力的低碳创新发展路径，构建新型低碳生产和消费体系，为从根本上提升贫困地区的综合发展水平打下坚实的技术和经济基础。

4）合理引导

当前将扶贫与应对气候变化、低碳发展相结合的政策仍然较少，如果不能对贫困地区发展进行及时、合理的引导，贫困地区很可能会陷入高消耗、高污染、高排放的“三高”陷阱，贫困状况不仅难以改观，还可能进一步恶化。因此，贫困地区在发展过程中要加强扶贫制度、机制和政策创新，确保在全面脱贫的同时，更好地应对气候变化和实现低碳发展。

5）多方参与

贫困地区低碳发展需要多方参与，要建立“政府主导 + 市场引导 + 农民意识”的多方参与模式。政府要在财政投入、发展方向等方面发挥主要的引领作用，企业要坚持市场化导向适应市场变化，通过积极参与市场竞争提升产业素质和市场份额，民众要加强低碳发展意识主动积极参与到低碳建设中。

6）民生为本

低碳扶贫的发展成果应最大限度地由贫困地区居民享有，提升贫困地区自我发展能力。一方面要构建顺畅的资金流通途径和市场流通平台，推动低碳产品和生态产品的交易；另一方面要将扶贫资金和低碳开发收入用于民生建设，以确保贫困地区低碳发展成果能有效共享，推动实现扶贫和开发的双重目标。

5.2 贫困地区低碳发展的总体思路

我国应该构建分区分类的贫困地区低碳发展模式，把不同贫困地区的资源开发模式与开发方式区别开来，结合对贫困地区的生态功能定位、经济基础、资源禀赋，处理好脱贫、产业升级与低碳转型的关系，因地制宜、因情定策、扬长避短、兴利抑弊，制定本地区合力的低碳发展路径。为此，应从三个方面做好基础工作，一是摸清各个地区的资源本底，了解资源的基本特征，为制定科学的低碳发展战略和规划奠定基础；二是做好低碳发展措施的比较分析，为选择合适的低碳发展路径和政策提供依据；三是加强对低碳发展措施的经济、环境、能源影响评估，为完善低碳发展措施和行动做好保障。根据我国贫困地区的已有分类，可大致分为 4 种类型的低碳发展区，相应的低碳发展思路如下：

1）重点生态功能区

重点生态功能区主要指在国家生态功能区定位中属于禁止开发区和限制开发区的贫困县，承担着水源涵养、水土保持、防风固沙和保护生物多样性等重要生态功能。这些区域应坚持“保护为主、适度发展”的原则，近期主要依据其自身的资源优势，重点发展水电、太阳能发电等可再生能源利用，碳汇等资源优势产业以及生态农业、生态林业、生态旅游等低碳产业。

2）山区资源相对富集区

山区资源相对富集区主要指位于东中部资源相对富集的贫困地区，这些地区也是水、能源和生物多样性的重要来源，对生态系统的平衡起着不可替代的作用。这些区域应坚持“资源集约利用、深度开发”的原则，低碳发展重点在于转变过去资源过度开发、低层次开发的高碳发展格局，将资源优势真正转化成产业竞争优势，通过培育特色优势产业，提升山区产业可持续发展的根本竞争力。针对各具特色的山区资源，可因地制宜，合理开发利用资源，搞好优势产业定位，如建立以独特自然风光和特色风俗为基础的旅游观光业，以生态环境保护为基础的绿色生态农业、绿色食品加工业、特色种养加工业，以矿产资源为基础的资源开采、加工业等。

3）资源贫乏区

资源贫乏区主要指位于土地干旱、盐碱、淡水严重匮乏，自然灾害频发的贫困地区，基础设施严重落后、产业结构升级缓慢，经济社会发展水平低下，是贫困地区低碳发展的重点扶持区域。这些区域应坚持“充分挖掘各种资源”的原则，重点开发地区特色低碳优势产业，如特色农产品精深加工业、特色旅游等，以改善这些地区居民的收入水平，逐步提高低碳发展层次。

4）平原优势区

平原优势区主要指位于中东部平原地区位条件较好、经济发展环境优良、交通便利、具有较好产业基础的贫困地区，是全国贫困地区中的低碳发展先行区和脱贫致富先行区。要坚持“较高质量脱贫”的低碳原则，在发展具有本地特色低碳优势产业的同时，根据自身条件承接发达地区的产业转移，但要严控高碳产业在此地区的无序发展。对已有的高碳产业，要通过大力引进低碳发展技术实施低碳化改造，尽快实现低碳化升级。

5.3 贫困地区低碳发展的重点任务

基于上述原则，贫困地区低碳发展要充分结合低碳发展及扶贫开发两大战略，寓低碳发展于扶贫开发之中，借助扶贫推动低碳发展。应充分调用贫困地区已有资源，立足实际、利用后发优势，推动产业发展低碳化、建设低碳能源体系、强化低碳生态涵养、扎实推进低碳基础设施建设，稳步开展低碳社区建设，构建形成科学合理的低碳发展模式。

5.3.1 构建“以人为本”的贫困地区低碳发展模式

随着我国新型城镇化建设的推进，贫困地区作为后发区域，必将面临更大的城镇化需求，也面临城镇化模式的多重选择，在此过程中要谨慎甄别符合贫困地区自身低碳发展的城镇化模式。推进贫困地区的城镇化建设，其核心是贫困地区人民的生产及生活方式的转变，因此在推进贫困地区城镇化进程并实现低碳发展时，应贯彻以人为本的科学发展观，注重提升贫困地区民众的低碳认知能力及从业水平。

1）借助城镇化所带来的发展机遇，提升贫困地区人口素质

在城镇化建设过程中，不仅着眼于产业的发展，同时注重人力资本的提升，要把提高人口素质和能力建立贯穿于低碳脱贫乃至后期发展的全过程。应借助贫困地区劳动力富余以及工业化和城镇化快速推进等新形势，把劳动力转移就业、促进农民增收作为新时期扶贫的重大举措，要注重人口的素质化教育，建立技能培训机制、创新技能培训模式，使贫困地区人口能适应新的生活和生产环境，提升生存技能，为城镇化建设和发展提供优秀人力资源。

2）按照新型城镇化的总体部署，妥善处理好贫困地区的人口转移问题

要充分考虑脱贫和低碳发展的多方面要求，将人口移民作为提升贫困地区低碳发展能力和水平的重要手段，使贫困地区能在国家优惠政策和政府的支持下，借助城镇化进程，从根本上提升自身的发展能力和水平。一方面，要合理控制工程移民规模，优先考虑打工移民，对于问题突出的资源匮乏性贫困地区，在政府的引导下，通过新农村建设等方式，引导群众合理有序地开展移民。另一方面，要妥善处理好生态移民，对于以改善环境为主要目的的生态移民不仅需要完成环境目标，同样必须保证移民生活水平提升。

5.3.2 构建符合贫困地区低碳发展的产业布局

贫困地区的经济总量不足、生产效率不高、技术水平落后，是地区发展面临的最突出矛盾，解决经济贫困的最重要的手段是产业扶贫。鉴于贫困地区具有原有产业基础薄弱、转型成本低的特点，应在脱贫的起步阶段就将产业的社会效益和环境效益纳入考察范畴，搭建起以低碳为特征的产业布局，既实现贫困地区经济、社会和环境的统一协调发展，又顺应国家大力发展低碳产业的总体态势。

1）有序引导针对贫困地区的产业转移

城镇化进程中必然伴随着产业转移，贫困地区作为后发地区，往往具有承接发达地区产业转移的内在动力，如果不加以合理引导，将很可能导致贫困地区过度承接高耗能、高排放产业，不仅影响我国低碳发展的总体进程和效果，还会导致贫困地区后续增长的乏力。贫困地区在推进城镇化及工业化建设的进程中，要切实转变发展观念，改变过去主要依靠发展重化工业拉动经济增长的传统思路，构建一条绿色低碳发展“新路径”。第一，贫困地区要采取切实行动限制高碳产业向贫困地区的简单平移，加强对承接产业的甄别和评估，通过产业的梯度化转移和转移过程中的升级换代，推动产业转移的低碳化。第二，贫困地区要依托自身的后发优势和政策优势，承接符合区域特点、具备持久发展力的低碳型产业，积极培育新能源、新材料、环保设备、生物医药等新兴产业，从源头上规避未来重新进行低碳转型和改造的高昂成本。第三，贫困地区要借助产业转移的大趋势，大力推进发展本区域的第三产业，在吸纳更多就业的同时，加强对第三产业从业者的知识技能培训，从根本上夯实第三产业的发展基础，如地处中部的贫困地区可发挥区位优势，通过发展交通运输业来发展商贸集散；地处西部地区的贫困地区可借助其独特的人文和自然景观优势，发展其旅游业和文化产业等。

2）在低碳产业布局方面加强对贫困地区的倾斜

贫困地区相比其他地区，在经济技术发展水平和基础设施体系方面要更加落后，因此在吸引低碳产业方面具有先天的劣势。为此，国家应在低碳产业的布局中给予贫困地区特殊的考虑，从资金、技术投入等方面给予更多支持，同时结合贫困地区的优势资源和条件，通过合理的政策引导，为贫困地区发展低碳产业提供更为优良的政策环境，同时加强对贫困地区劳动力的培养，通过技术、资金等投入，在低碳产业方面实现农业、工业、服务业的多维扶贫。

5.3.3 发展以低碳生态农林业为核心的第一产业

贫困地区往往具备一定的农林等方面的自然资源，且资源具有原始性、丰富性、多样性的特征，因此，贫困地区应推动农业生产的低碳化改造，把丰富的农业资源转化为支撑贫困地区发展的物质财富，充分利用其多样性发挥各地比较优势打造特色农业。

1）发展低碳生态农业，在提高贫困地区农业生产效率的同时保护环境

立足农业是贫困地区发展的基础产业，将发展低碳生态农业作为未来扶贫工作的方向和主导，以此来提升农业产量质量和能源利用效率，降低农业生产过程中的碳排放。第一，要对现有农业生产方式进行“低碳化”技术改进，发展以土地为中心的低碳耕作，有效降低生产成本，促进农业稳产增产，帮助农民实现可持续的经济增长。在以土地为中心的低碳生产模式中，要进一步着力推行测土配方施肥技术的应用。测土配方施肥作为国家启动的重点低碳农业项目，从 2005 年以来已经为农民带来了显著的经济效益，要在此基础上继续巩固和完善，在不断扩大其使用规模的同时，进一步改进其方法和手段，使其成为贫困地区构建低碳生态农业体系的核心要素。第二，要大力推动循环农业发展，应积极推广秸秆还田，引导农户使用农家肥，有效加快有机肥的利用，改善土壤养分结构，提高耕地质量，加大对农村农业资源的有效回收利用，如配合农村沼气池的建设，通过改厕、改厩、改厨等建设，把农村的“三废”（秸秆、粪便、垃圾）变成“三料”（燃料、饲料、肥料）。第三，要充分整合地区农业生产资源，延长农业产业链，提高农产品附加值，通过大力发展农副产品深加工和精加工产业，带动形成具有地区特色的、较为完整的农产品供应链体系，进一步丰富贫困地区发展低碳生态农业的内涵和形式，拓展农业收益渠道。第四，要大力推动新型低碳农业生产技术的应用，如推广使用太阳能杀虫灯、生物农药，严格控制农药、化肥等农业投入品的使用量等，从源头上减少农业生产带来的环境污染和碳排放。

2）开展植树造林，充分利用贫困地区森林资源推动提升碳汇

要将贫困地区独特的地理资源和气候资源转化为改善人民生活和支撑贫困地区低碳发展的物质财富，充分利用植树造林的减排成本远低于工业升级、污染治理等减排措施的优势，积极推动林业扶贫，推动贫困地区实现扶贫和低碳发展的双赢。首先，要积极推广林业碳汇，以植树造林和种草提升森林和草原碳汇，并将此作为低碳扶贫开发的有效形式加以利用。要积极探索和推动将林业碳汇纳入到碳交易体系当中，并将其作为推动贫困地区低碳产业化扶贫的一种重要手段和模式，在为贫困地区谋取合理的经济收益的同时，从根本上提升贫困地区利用自身林业资源优势带动低碳发展的内在动力。其次，要大力发展林下经济，因地制宜发展林果、林草、林花、林菌和林药等林下种植业，林禽、林畜等林下养殖业，形成生态服务溢价。最后，通过植树造林、荒漠化治理等手段加强地区生态环境恢复治理，提高生态环境质量，改造地区经济禀赋，促进地区人口健康水平的提高。

3）发展特色农业经济，充分利用贫困地区资源禀赋发挥比较优势

贫困地区大多处于偏远农村，往往蕴含着丰富的特色农业资源，应充分发挥比较优势做大做强特色农业，有效减少贫困地区区位劣势的影响，有效降低发展过程中的碳排放强度。首先，挖掘和培育地方特色农业，由贫困地区地方政府深入研究市场需求并挖掘当地所具备的比较优势，挖掘贫困区域内独特的农业资源及特有的名优产品，有选择、有重点地兴建一批特色农产品批发市场和专业市场，不断完善市场网络和市场功能。其次，将特色农业与信息化相融合，创新特色农业供销模式。由贫困地区政府及上级政府引导扶持，联合中国邮政或物流公司，利用贫困地区特色农业资源，发展电子商务，共建贫困地区农产品 O2O、B2C 类销售网站，并充分借鉴已有的邮乐农品、本来生活等特色农产品电子商务的供销及运营管理模式经验，拓宽贫困地区特色农产品的销售渠道和销售空间，带动贫困地区特色农业体系实现质的提升。

5.3.4　发展以特色加工业为主导的第二产业

目前，我国的扶贫策略不仅仅局限于农业，也与第二产业的滞后有很大关系。因此，在发展农业的同时，第二产业的扶贫开发任务同样艰巨。要坚持以信息化带动工业化，以工业化促进信息化，在低碳扶贫工作中走出一条科技含量高、经济效益好、资源消耗低、环境污染少的新型工业化道路。

1）开展工业低碳升级改造，培育壮大现有产业

贫困地区原有工业基本都停留在较低层次，一方面煤矿、冶炼及化工产业往往伴随着对资源的浪费和环境的破坏，另一方面已有企业往往规模较小、竞争力弱。因此，按照因地制宜的方针，贫困地区工业发展应以升级改造和发展战略性新兴产业为导向，在淘汰固有旧模式、旧产业的基础上，加大对战略性新兴产业特别是低碳型产业的引进，以此带动贫困地区产业升级。首先，在产业升级改革时，要大力淘汰落后产能，促进工业节能减排，实施产业升级，旧的高碳产业要关停并转升级为低碳产业，加大科技成果投入，将高污染产业转变为低污染甚至无污染产业，将高耗能产业转变为能耗低效率高的产业。其次，将已有的地方性工业产业做大做强，认真实施好中小企业成长工程、“小巨人”计划，撬动现有工业快速发展。对主营业务突出、产品市场占有率高、税收贡献大、发展稳定的规模以上工业企业予以重点支持。选择一批在产品、技术、市场等方面具有优势、成长性好的中小企业加以重点扶持，形成一批“专、精、特、新”的中小企业集团，形成大、中、小相互依存，共同发展的格局。打造一批地方知名品牌，以大企业、大品牌带动大产业。

2）积极发展特色加工业，培育潜力产业并拓展配套产业

贫困地区的主要优势为特色资源优势，应充分发挥贫困地区的绿色、环保农产品资源优势，推动初级产品深加工，延伸产业链条，积极支持凸显当地特色的优势产业发展。一方面，要积极发展饮料加工制造、禽肉类综合加工、优质粮油精深加工、中药材深加工等特色加工业，培育成有规模、有特色、有品牌的区域特色支柱产业。另一方面，应依托大中城市、经济集中发展区，大力发展配套加工制造业，如积极发展饲料加工、包装印刷、轻工、机电等配套产业等，逐步建立起符合贫困地区特征、优势产业明显、低碳导向突出的特色工业体系。

3）大力打造工业知名品牌，提高市场占有率及品牌竞争力

第一，要依托现有优质粮油精深加工、畜禽肉类综合加工、中药材深加工等拳头产品，争创国家级绿色食品认证、省级著名商标和省级名牌产品，形成有较强竞争力的知名品牌，并推动提升地方名优品牌的市场占有率。第二，要把好产业准入关，有针对性地引进、培育、壮大优势骨干产业，实行优势产业重点扶持，创新攻克产业核心技术，搞好优势产业宣传，加强优势产业原产地保护。第三，要加强贫困地区与发达地区企业的技术合作，提升贫困地区企业的技术创新能力，大力开发拳头产品，鼓励企业培育名、优、特、新产品，打造一批具有自主知识产权和较强市场竞争力的知名品牌，促进产品更新换代，提高市场竞争力。

5.3.5 发展以旅游业及现代服务业为龙头的第三产业

相较于第二产业，第三产业能耗低、污染小，就业吸纳能力强，对劳动者知识技能水平要求也较为宽松。应发挥贫困地区特色旅游、生态旅游和人文旅游资源富集优势，用旅游业为贫困地区的发展打开缺口，以其为龙头带动物流、信息等各类低碳现代服务业发展。

1）发展生态旅游业及文化旅游业，推动贫困地区旅游产业升级

多数贫困地区风景优美，自然资源丰富，不少地区还具有丰富生态养生资源及文化资源，应依托中国整体旅游市场的兴起，以旅游业为贫困地区发展突破口。第一，大力发展生态旅游业。利用发展生态旅游业的机遇，将经济发展与生态环境保护相结合，尽量减少对生态环境的不利影响，确保资源在可持续利用的基础上，将生态环境保护、公众教育与促进地方经济社会发展的有机结合，推动生态旅游产业成为连片扶贫开发的一项重要任务。第二，积极培育文化旅游业。西部地区人文和自然景观独特，除了众多山脉、湖泊、森林等低污染的自然景色外，古城古镇和红色旅游文化也颇具特色，应借此优势打造民俗风情、红色旅游等品牌，发展区域文化产业，将文化旅游产业发展成为地区的突出增长点。第三，打造特色化、规模化的精品旅游。鉴于贫困地区多数为交通不便的中西部地区，距离大中型城市较远并呈现出零散分布的状态，发展旅游业面临成本过高、吸引力不足等劣势，应充分结合政府和民间力量，协同整合多地旅游资源，构建特色互补、规模连片的旅游景区链条，推动贫困地区旅游产业实现升级换代。第四，扶持生态旅游消费品供给和行业服务体系。要加快观鸟观花旅游、生态摄影旅游等具有高附加值的生态旅游产品的开发设计，鼓励发展一批与社区紧密结合的主题公园，以低碳、生态、绿色等要素为主题，引导提升旅游区服务体系的综合质量。

2）发展以物流业为主的现代服务业，为贫困地区经济发展提供原动力

首先，要培育现代流通方式和新兴流通业态，特别是要积极推动区域特色产品信息化物流体系建设，探索建立产品期货市场，逐步构建新型现代服务业体系。其次，要利用信息化工具和平台弥补贫困地区特别是连片特困地区交通不便和信息交流不畅的劣势，有效推动贫困地区优质资源的开发和交易，改造本地区传统产业，推动区域产业发展和农民增收。最后，要提高农产品流通效率，统筹规划农产品市场流通网络布局，重点支持重要农产品集散地、优势农产品产地市场建设等。

5.3.6　促进能源低碳扶贫

贫困地区社会发展水平较为落后，主要反映在基础设施、教育水平、卫生文化水平和管理水平方面，而能源的充足供给是提升以上几方面的重要保障，能源的低碳供给更是实现贫困地区低碳发展的重要抓手。应坚持因地制宜、多元发展的方针，在有效控制煤炭等高碳能源使用的同时，加强可再生能源和低碳能源的开发利用，在发展的同时构建完成贫困地区低碳能源系统的建设。

1）因地制宜发展可再生能源

贫困地区大多位于边远地区，在水能、风电、太阳能、生物质能等方面资源相对丰富，因此，应在自然资源条件允许的贫困地区，根据本地区的资源禀赋，并充分结合政策支持优势和后发技术优势，以现代化的模式大力发展小水电、风电、太阳能、生物质能等可再生能源，推动基于可再生能源的分布式能源、微电网系统的建设，在改变贫困地区能源贫困局面、提升地区能源现代化水平的同时，推动形成符合地方发展特征的新型能源供给和消费体系，有效避免贫困地区陷入对煤炭等高碳商品能源的依赖，降低贫困地区未来因能源成本上升所带来的能源再贫困化的风险。在农业基础较好地区，要积极推广应用秸秆、薪柴、人畜粪便、餐厨垃圾等生物质能源的利用和转化，大力发展农村地区适宜规模的生物质燃料发电、农村沼气系统和能源输送体系，与农村居民用能特点进行合理匹配，有效满足贫困地区居民的用能和用电需求；在风力或日照充足地区，应大力发展太阳能光伏发电、太阳能热水器、风力发电等分布式能源系统以及能源互补系统（如风光互补、光柴互补、风光柴互补系统等），为远离电网及未实现集中供热的偏远贫困地区解决居民用水、用电困难等生活、生产相关的问题；对于水力、地热资源较为丰富的多山型、闭塞型贫困地区，应在符合当地生态资源保护的条件下，积极合理开发小水电、地热利用等项目，解决好当地的用能需求。

2）合理控制煤炭利用规模和水平

贫困地区往往存在着较为显著的能源贫困问题，而随着生活水平提升的要求，本地居民对煤炭、电力等现代化商品能源的需求会较快增长，在此过程中，既要考虑贫困地区的特殊性，允许贫困地区在合理范围内增加其煤炭的使用，又要引导贫困地区创新能源消费方式，避免重蹈发达地区高碳用能方式的覆辙。第一，贫困地区应充分借鉴发达地区的已有经验和先进技术，借助政府支持的优势条件，对已有的煤炭供给及利用系统进行节能改造，加强燃煤的集中利用和高效利用，逐步取缔分散式燃煤的落后、低效运行方式。第二，对于新建的能源供给系统，一般性的贫困地区要严格控制新建燃煤电厂和燃煤供热锅炉，煤炭资源丰富地区可考虑适当新增高效燃煤设备，但要在燃烧效率、环保水平上严格把关，不能为追求短期经济效益而忽视长期持续发展所需的环境和生态收益。第三，贫困地区要在政府的鼓励和支持下，结合本地区低碳能源的资源优势，推动利用天然气、生物质能、太阳能、风电等低碳能源替代已有燃煤系统，构建多样化的综合能源供应体系，以较低成本实现本地区能源系统的转型升级。

3）加强对能源低碳项目的规划和支持

贫困地区能源基础设施相对薄弱，这对贫困地区而言既是挑战又是机遇，贫困地区的地方政府应高瞻远瞩，利用后发优势，将发展可再生能源和分布式能源项目作为推动地区发展的核心内容，制定更符合贫困地区特点、适合贫困地区长远发展的能源项目开发规划和战略。与此同时，考虑到可再生能源等低碳能源的初期建设成本相对较高，相关政府主管部门应加大对贫困地区低碳能源建设项目的资金支持力度，在财政、税收政策上给予贫困地区更多倾斜，在融资和风险管控上提供更强保障，构建形成能支撑低碳能源项目长期、高效运营的市场化模式。

5.3.7　加强生态低碳扶贫

生态环境是承载经济和社会系统的物质基础，许多贫困地区经济发展与社会面貌的落后往往与生态环境的恶化相伴随。贫困地区生态面貌具有多样性，不同的贫困地区的生态环境往往具有不同的表现，因此，在低碳扶贫过程中，必须区别对待，认真权衡生态保护和资源利用的利害关系，因地制宜地开展低碳生态扶贫。

1）要理清贫困根源，兼顾贫困地区生态共性和个性问题

贫困地区最直接的表现形式是生活水平和基础建设水平低下，其生态环境和资源的表现形式也具有一定共性，一是当地生态资源没有或极少触及到外部环境，二是生态资源没有为本地区带来显著的经济效益。不同贫困地区往往具有不同的生态资源特征，脱贫途径自然也各有不同。首先，对于生态脆弱或生态资源匮乏、不能够就地实现脱贫的地区，应以借助外力为主、依靠自身努力为辅的方式实现脱贫，如考虑生态移民，在较富裕地区的带动下实现脱贫。其次，对于具有良好生态环境或丰富生态资源，但因交通、技术、理念、投融资等方面原因阻碍了经济发展的地区，应以依靠自身努力为主、借助外力为辅的方式实现就地脱贫，优先通过完善交通、开发生态旅游、发展新能源等措施，带动对生态资源的合理利用，带动本地区实现脱贫。最后，对于介于以上两种原因之间的情况，如土地广阔但贫瘠或降水不足而导致的生态状况不良、经济发展缓慢的地区，应优先根除或缓解致贫的核心根源，如改良土地、兴修水利、发展特色农业等措施，再逐步实现脱贫。

2）脱贫与环境修复相结合，在资源贫乏地区重点实施生态移民

与发达地区相比，贫困地区面临着更为脆弱的生态系统和更有限的环境容量。我国连片特困地区广泛分布着大量生态环境严重破坏、生态脆弱区、重要生态功能区以及自然环境条件恶劣、基本不具备发展潜力的区域，部分地区的人口规模超过区域生态环境容量和承载能力，扶贫成本高昂、成效低下，推动生态移民因此也成为扶贫工作的一项重要内容。一方面，生态移民应同时兼顾减少人类对原本脆弱的生态环境的继续破坏，使生态系统得以恢复和重建，并通过异地开发逐步改善贫困人口的生存状态的双重任务。另一方面，要提倡政府主导型移民，政府要以恢复和保护生态环境为主要目的，有组织地引导生态移民，兼顾扶贫和提高经济收入的迁移行为。

3）充分利用区域特色，加强贫困山区的生态资源开发

资源的利用、引进和开发是经济社会发展的必然手段，而生态资源往往是贫困地区的特有资源，但因为交通、经济、技术、规划等方面的原因，却很难将宝贵的生态资源转化为脱贫的手段。因此，在具备基本条件的贫困地区，要将生态资源的合理开发利用作为其低碳减贫和可持续发展的重要内容。一方面，我国许多贫困山区与生态旅游资源的空间分布是高度重叠的，这类地区要充分利用其资源禀赋并发挥比较优势，加强生态资源的开发利用。对于林产品丰富的多山型贫困地区，可着重发展林产品的加工业；对于旅游资源丰富的闭塞型贫困地区，可着重开展低碳生态旅游业，在改善地区生态环境、降低发展过程中的碳排放强度的同时，给当地农民带来切实的经济利益。另一方面，对于已经具备一定生态资源开发基础的贫困地区，要在已有生态旅游产业的基础上，打造低碳生态旅游区和生态旅游品牌，加强生态旅游相关产品和服务体系建设，如发展以健康养身为主题的生态保健业等，推动贫困地区生态扶贫的品质升级。

4）开创百花齐放的低碳扶贫局面，全方位推进贫困地区的生态建设

丰富的生态资源是贫困地区实现低碳发展的重要保障，因此贫困地区不能无序发展，要加强本地区的生态保护和生态建设。首先，要保护和持续改善贫困地区的生态环境，通过推广测土配方施肥、秸秆循环等技术改良土地，通过加强河流域的植被培养防止水土流失，通过改善生态条件增加和调节降雨量等。其次，要有效利用转移支付和生态补偿等合理机制，给予贫困地区生态建设以强有力的支撑，巩固其生态优势。最后，要制订分区域的生态建设方案，对于土地贫瘠型贫困地区，要着重开展测土配方施肥工作，有效改良土壤提升产量，同时应注意提升农副产品深、精加工业水平，增大农产品附加值；对于缺水型贫困和沙漠高寒型贫困地区，应着重加强水资源保护和恢复相关的生态建设，改善其自然生态条件。

5.3.8　建设低碳基础设施

贫困地区往往处于内陆，各种条件无法和沿海发达地区相比较，不仅产业基础薄弱，还普遍存在公共基础设施较差的现象，如水电供给不畅、公路铁路交通运输和通信不便等。加强贫困地区的基础设施建设，是我国扶贫开发战略体系当中的一项重要内容和农村建设的重要组成部分，是贫困地区摆脱贫困的基础条件，也是其实现低碳发展的前提条件。针对贫困地区普遍存在的基础设施落后的现状，要全面加强水利、交通、电力、通讯、污染控制、资源回收系统等基础设施的建设，同时强化在设备选取、工程建设、设施运营等过程中的低碳化管理。

1）提倡区域发展与低碳相结合，以超前意识进行基础建设规划和建设

目前，我国不少城镇、区域的发展具有很大的盲目性，在过度追求经济发展的思想影响下，其基础建设体现出较强的短期行为，为日后的可持续发展如低碳城镇建设等带来了不少隐患，也造成了大量经济和资源的浪费。普通地区的基础建设往往是依靠自身经济发展，伴随自身经济实力提高且以进一步提高经济能力为前提逐步形成和慢慢发展起来的，但与普通地区相比，贫困地区的基础建设在很大限度上要依靠“扶贫资金”，其建设能力在也很大限度上难以反映该地区的经济发展水平，既存在有利之处，也有不利的一面。有利之处在于，可以较快地提升当地基础建设速度和水平，在较少考虑自身经济能力的前提下进行超前规划和建设，而不利一面在于，这样的基础建设是依靠外力跳跃性地加速度发展起来的，如果在规划和建设过程中过高地预测了当地的经济发展趋势，基础建设的运行和维护成本将成为阻碍当地发展的不良因素。因此，贫困地区基础设施建设既要避免过低地预测本地区的经济发展趋势，失去利用“扶贫资金”发展基础建设良好机会，又要避免不切合实际的基础建设，陷入“后期投入过大”困局。解决以上矛盾的一个较优途径是：在贫困地区发展基础建设过程中，积极倡导低碳理念，加强基础设施的合理布局和规划，强化低碳型、集约型基础设施的建设，既要避免盲目投入所造成的“扶贫资金”浪费，又要充分考虑基础建成后的运营和维修成本，防止基础设施建设和使用中的高碳化行为和后果，使基础设施建设能在推动地区低碳发展中真正起到事半功倍、“一石三鸟”的重要作用。

2）推进建筑领域低碳城镇基础设施，有效降低生活成本

贫困地区的发展应围绕降低运行成本，在基础设施建设中积极推广节能建筑和低碳建筑，加强生活用能设施低碳化改造，实现减少碳排放和降低生活成本的双赢。首先，应充分利用财政资金，加大贫困地区既有建筑的节能改造，相关财政补贴资金也加大向贫困地区的倾斜力度。通过推行建筑节能改造，可以大幅度降低居住、办公、商业等建筑的碳排放和运行成本，而贫困地区居民由于取暖和空调费用在生活开支中所占比例明显高于发达地区，节能建筑在经济上的重要性也更大，具有事半功倍的低碳扶贫效果。其次，狠抓贫困地区基础设施建设当中的新建建筑节能水平，特别是政府资金投建的相关建筑，要达到或超过同区域新建建筑的节能标准，与此同时，要利用节能产品惠民工程的有利契机，推动在基础设施建设中使用更多的高效照明产品、高效空调、高效电机等节能产品。最后，应加强贫困地区废弃物资源化利用相关的基础设施建设，并利用贫困地区劳动力成本低的优势，在生活垃圾分类处理、废旧物资再利用等方面，探索形成一条比发达地区更具有低碳效益的运行模式。

3）有条不紊地完善低碳交通体系，改善发展环境

很多贫困地区由于山路偏远、运输困难，影响了居民的出行及与外界的联系，严重阻碍了贫困山区的经济和社会发展。为此，要大力提升贫困地区的基础交通体系建设，并结合贫困地区实际，发展适合其特点的低碳交通体系，引导贫困地区形成良好的低碳交通模式。第一，加快推进贫困地区公路、铁路、航运等交通基础设施建设步伐，打通区域间的断头路，提升公路等级和铁路等级，重点推进跨区域铁路、公路网络建设，形成区域间互联互通、功能完善的城乡交通网络体系，提高综合运输能力。第二，考虑到贫困地区多为山村和小城镇，应推动构建与之匹配的、行之有效的低碳交通体系，如积极推动自行车、慢行系统的规划和建设，引导贫困地区居民实现低碳生活。第三，在进行交通基础建设规划和实施过程中，充分考虑公共建设资金的长期效果，把资金投入到更具有后发优势和长期低碳效果的项目中去。

5.3.9 提升公共服务水平

除了基础建设硬件环境外，社会贫困还表现在公共服务水平方面，良好的公共服务体系平台是贫困地区提高管理水平、发展经济、抬升人口素质的重要措施和手段。我国贫困地区应该从更深层次教育、医疗、金融、社会保障、公共文化、计划生育、干部队伍建设以及为市场服务的信息化平台等多个领域提升公共服务能力，促进贫困地区人口素质的提升，提高贫困地区自身发展潜力。

1）加大政府投入，有条不紊地提升总体水平

经济发展所需要的内生性要素并不能完全依靠经济系统自身的力量来解决，尤其是“人”即劳动者的问题，提高贫困地区人的素质特别是摆脱知识贫困，很大程度上有赖于各级政府对贫困地区基本公共服务体系建设的投入力度。对于一个社会来讲，公共服务体系每一个环节是独立的又是相互依托的，贫困地区在提升公共服务体系水平过程中，不管是利用自身经济能力，还是借助“扶贫资金”，要统筹监督、抓大放小，时刻牢记“经济能力”和“低碳发展”这两个核心要素，根据贫困地区的实际需求和发展阶段，有重点、分时段地解决困扰贫困地区发展的迫切问题，按照轻重缓急有条不紊地提升贫困地区公共服务体系的总体水平。

2）加强市场信息化和劳务服务平台建设力度，促进经济发展

信息是经济发展的必需要素，地理区位劣势所导致的交通不便和信息交流不畅是连片特困地区最关键的致贫因素之一，利用信息化工具和平台能够最大限度地弥补这一劣势，有效推动贫困地区优质资源的开发和交易，促进产业发展和农民增收。首先，要积极建设融市场主体性和公共服务性为一体的信息服务平台，利用信息化工具和平台有效推动贫困地区优质低碳和生态资源的开发和交易，促进产业低碳发展和农民增收。其次，要提高劳务服务水平，积极推进贫困地区的劳务信息体系、劳务市场体系、政策保障体系等的建设，有效组织、引导农村富余劳动力“下山进城入谷”就业创业，拓宽增收渠道。最后，要将市场服务信息化平台的建设纳入政府基础建设内容之中，在政府的指导、推动和扶持下，充分利用市场杠杆予以发展壮大，使其成为当地产业链中一个稳定和重要的环节。

3）提高社会教育的服务水平，增强脱贫后劲

知识贫困是影响贫困地区低碳发展的深层面原因，加强人力资本培训，提升受教育水平、提升信息获取能力应成为贫困地区低碳扶贫的重点。首先，政府应加大投入改善贫困县的办学条件和教学设施，进而通过制定和完善教育相关的法律政策，确保贫困地区九年义务教育的实施，落实到每家每户每个孩子，为贫困地区提供更多的教育资源。与此同时，要将低碳发展的有关理念融入教学中，提升贫困地区居民对低碳发展重要性和必要性的认识。其次，要通过劳动力培训推进扶贫工作，使家庭经济困难学生通过接受职业教育掌握就业技能，在获取稳定就业、帮助家庭摆脱或缓解贫困的同时，积极参与贫困地区低碳产业的发展建设。

4）提高社会医疗等的服务水平，建立和谐社会

要进一步提升医疗服务水平，加强基层医疗卫生服务体系建设，有病能够及时就医。通过各种方式降低就医成本，做实贫困地区的基本保障，通过社会和政府的努力，真正解决贫困地区居民健康贫困的问题。要科学谋划、认真落实，提升贫困地区金融、社会保障、计划生育、干部队伍建设等公共服务体系质量。

5.3.10 推动低碳社区建设

社区是社会有机体最基本的内容，是宏观社会的缩影。贫困地区要克服贫困地区自然条件较差、基础设施较弱、人力资本不足等诸多制约因素，并建立气候友好的自然环境、基础设施、生活方式和管理模式，推动降低能源资源消耗并实现低碳排放。

1）要结合当地资源和发展优势，稳妥推动贫困地区低碳社区建设

首先，在低碳社区的设定和评价指标上不宜“一刀切”，应形成“百花齐放”的发展局面，争取建设一批各具特色的低碳社区示范项目，使贫困地区在建设低碳社区的过程中得到实惠和后发潜力。其次，应根据本地发展环境、基础建设、产业特色、文化特征、气候特点等实际情况，选择适合自身特点的低碳社区建设和发展模式，探索由乡镇政府主导、村镇集体企业、第三方开发主体、社会机构等多方力量共同参与的农村低碳社区建设和运营模式。

2）大力推行绿色建筑，降低社区运营成本

贫困地区在低碳社区的建设过程中，降低后期运行成本是确保低碳社区良性发展的关键环节，而绿色建筑在这方面具有普遍意义和显著作用。因此，低碳社区绿色建筑的建设或改造过程中，应充分考虑当地的气候条件，合理利用自然采光和通风，科学推广太阳能建筑一体化，优先采用本地化建筑材料，推广先进可靠的保温围护隔热材料，大力倡导建筑材料的循环利用和资源再生性建筑材料的使用。

3）着重发展低碳能源系统，体现贫困地区低碳发展特色

首先，贫困地区低碳能源系统建设，应坚持政府宣传教育、专家技术指导、国家资金支持、企业积极参与的四位一体发展模式，在当地居民、企业、当地政府和国家的共同努力下，打造低碳社区能源利用的创新模式。其次，在能源供应方面，要结合贫困地区基础设施建设，在农业秸秆、畜禽养殖粪便等生物质资源丰富的地区，推广建设规模化的沼气场站，推进沼气在炊事、发电、供热、取暖等方面的综合利用。最后，在能源利用设备方面，应针对不同地区农村的炊事、采暖等用能特点，推广省柴节煤炉、生物质炉以及清洁炉灶、节薪灶、节能吊炕等，推广应用太阳能热水器、太阳能采暖设备、小型光伏发电系统。

4）稳步推广绿色交通，提供便利环保的出行条件

在有条件的地区，应合理设置公交站点、公交线路，因地制宜开通城、镇、村之间的客运车辆，为农村居民提供便捷的绿色出行条件。倡导绿色出行，近距离采用自行车，中距离采用电动自行车，远距离采用公共交通等交通方式。在天然气资源较为丰富的地区，推广使用液化天然气（LNG）等清洁能源车辆。

5）建设废物综合利用系统，变废为宝

加强资源的回收、再生和利用，鼓励就地回用，有条件的地方应设置回收站点，并构建县、乡、村三级再生资源回收利用网络。在有必要实施污水强化处理的地区，应充分利用贫困地区占地面积限制较少的地理优势，积极推广人工湿地、生物氧化塘等土地处理工艺，并充分利用其产生的芦苇等植物。在干旱缺水区域，要推广应用适宜的雨水收集利用设施。

6）强化村域生态环境，推行健康的审美理念

贫困地区在低碳社区的生态建设过程中，要注重保留有地域特色的田园风貌，立足自然地理和气候资源条件，尽量选择耐旱、耐病虫害、免施肥料的乡土植物种类和种植模式，尽量减少维护工作，倡导健康的审美观念，实施更具区域生命力特色的道路林荫和庭院美化。

5.4 贫困地区低碳发展的对策建议

综观我国现有的扶贫政策和低碳发展政策，虽扶贫政策对贫困地区提高应对气候变化能力起到一定积极的作用，低碳发展政策对贫困地区脱贫也提供了优化选择，但上述两类政策体系还未实现很好地衔接与融合，扶贫政策对低碳发展的考虑不够，低碳发展政策对贫困地区的特殊性考虑也不足。因此，为更好地推动地区扶贫和低碳协调发展，应着力构建自上而下全方位的贫困地区低碳发展政策体系，加强贫困地区低碳发展的战略引导，健全贫困地区低碳发展的管理机制，创新贫困地区低碳发展的资金配置手段，提升贫困地区自我发展的“造血能力”，带动贫困地区实现全方位的产业升级和全社会的低碳发展。

5.4.1 加强战略引导

当前需要切实改变低碳发展政策对贫困地区关注度不够的问题，在国家低碳发展战略和规划的制定中应充分考虑贫困地区的特殊性，为贫困地区低碳发展创造有利条件。同时，也要着力加强对贫困地区扶贫政策的低碳引导，改变地方扶贫政策“一刀切”的现象，根据当地实际，把低碳发展尽快纳入贫困地区经济社会发展总体规划及资源型地区转型规划。

1）研究出台贫困地区低碳发展的纲领性文件

要根据我国贫困地区的具体情况，并参考《中国农村扶贫开发纲要（2011—2020年）》《中华人民共和国可再生能源法》《可再生能源中长期发展规划》《国家应对气候变化规划（2014—2020年）》等一系列与减贫、应对气候变化相关的政策文件，研究制定《贫困地区低碳发展指导意见》和《贫困地区低碳发展规划》。

在此基础上，要逐步将低碳减贫有关内容纳入国民经济和社会发展规划，并根据山区、半山区、平原地区的贫困特点，研究制定适合于不同地区的低碳发展模式和评价体系。

2）制订针对不同扶贫片区的低碳发展行动方案

结合贫困地区低碳发展的总体要求和不同扶贫片区的区位优势和特点，研究制订针对不同片区的低碳发展行动方案。该类方案要明确该地区低碳发展的总体目标、思路、战略路径，要确定在产业、能源、生态、基础设施建设、服务体系建设等方面的重点任务，并提出推动各类贫困地区的支撑性政策方案。在此基础上，要积极推动贫困地区将低碳发展各项目标和任务落实到有关部门的年度工作计划中，并鼓励各片区在制订及执行方案过程中开展跨省、跨片区的互助合作，提高资源的整体利用效率，形成优势互补、资源共享、共赢双翼的局面。

5.4.2 健全管理体制

一方面，要加强中央和地方政府在推动贫困地区低碳发展中的合理分工和协调配合，在做到对贫困地区进行总体引导、宏观调控的同时，又能充分发挥各类贫困地区的优势和特色，使低碳扶贫工作真正落在实处。另一方面，要加强对贫困地区低碳发展的引导和约束，尽快推动形成有利于贫困地区低碳发展的考核机制、监管机制和约束机制，增强贫困地区低碳发展的内生动力。

1）加强各级政府在推动贫困地区低碳发展中的分工配合

一方面，强化中央政府对低碳扶贫工作的宏观指导，要根据贫困地区低碳发展点多面广的特点，尽快构建扶贫工作与低碳发展相结合的联动机制。建议由国家发展和改革委员会作为综合协调机构，国务院扶贫办作为主要的执行机构，同时联合财政部、科技部、环境保护部、住建部等其他各部委的力量，建立贫困地区低碳发展的协调工作小组，指导全国贫困地区的低碳发展工作。另一方面，加强地方各级政府对低碳扶贫工作的有效落实。省、市政府作为贫困地区低碳发展的具体指挥者，要负责对接国家相关规划，抓好地方规划的编制和实施，并合理调度资源，引导贫困地区低碳发展工作的有序开展；县级政府作为贫困地区低碳发展的具体实施者，要立足于县域内的基本情况，大力整合多方资源，协调各个部门，重点突出地开展地方扶贫工作，形成以“低碳化”为导向的扶贫格局和发展模式。

2）完善贫困地区考核和监管机制

一方面，要着眼于贫困地区经济长远发展的能力，改变以往以投入资金力度来评估贫困地区脱贫成效的被动式扶贫考核机制，建立重视低碳发展水平和扶贫长期成效相结合的考评机制，由国家相关部门制定具体考核办法，将促进以低碳产业引进与发展情况为代表的环境效益评估作为扶贫工作考核的重要内容和加分项，增加贫困地区低碳发展的正向激励，提高贫困地区推进低碳发展的积极性和主动性。另一方面，考虑到贫困地区低碳发展是建立在相对发展水平较低的基础上，在推进的过程中要加强多方监管，在深入研究和探索的基础上，逐步形成以扶贫和低碳为综合目标，政府、社会和企业监管相结合的多级监管体系，并着力加强与之相关的评估和监测体系建设，推动全社会参与到低碳扶贫的事业当中。

3）强化政府指导并完善相关约束机制

在贫困地区低碳发展的初级阶段，应强化政府对低碳发展的指导和约束。一方面，贫困地区各级政府应在考虑贫困地区自身产业发展需求和特点的基础上，结合国家相关政策，将推动低碳发展作为指导和引领产业发展的一项重要的原则和目标，并据此制定本地区产业发展指导意见，为区内产业低碳发展指明方向。另一方面，结合相关产业的技术标准或产品标准，建立或完善针对重点高耗能、高碳排放产品的落后淘汰机制，倒逼区内企业向低碳转型。同时，设立针对区外产业转移的评估机制和市场准入机制，将碳排放相关指标作为评估产业转移的重要条件，切实避免区外高碳型企业的转入。

5.4.3 强化政策支持

在推动贫困地区低碳发展的过程中，要改变传统的政策支持导向和思路，在进一步强化对贫困地区政策支撑的同时，由注重向贫困地区单纯“输血”转向提升贫困地区“造血”能力，提升贫困地区在低碳发展方面的自身水平和向外辐射的能力。

1）强化对贫困地区低碳扶贫的政策支持

要把贫困地区作为公共财政支持的重点区域，把低碳扶贫投入作为公共财政预算安排的优先领域，推动国家低碳资源优先投向贫困地区，如西部大开发安排的水利、退耕还林、资源开发等项目要优先在贫困地区布局，国家的一些强农、惠农、富农政策要率先在贫困地区实行，以此不断加大对贫困地区低碳产业的扶持力度，并切实提高低碳扶贫政策的执行力。与此同时，中央政府和贫困地区上级政府应建立起贫困地区财政扶贫资金使用的长效机制，为贫困地区赋予经济“造血”功能，逐步推动将外部帮扶转化为贫困地区自我积累和自我发展的能力，引导和撬动贫困地区低碳产业的持续增长。

2）要加强对贫困地区低碳发展的资金支持

一方面，要探索建立贫困地区低碳发展基金，以政府投资作为贫困地区低碳发展基金的主要来源，同时鼓励大型企业资助成立“低碳扶贫”基金，重点资助贫困地区的中小企业的低碳化改造。另一方面，要积极开发政府、企业、民间投资多方参与的“多边低碳扶贫模式”，构建“先进企业认领低碳扶贫村”的低碳扶贫合作新模式，政府还应帮助贫困地区积极申请国际“世界银行生物碳基金”、“森林碳伙伴关系基金”等多边碳基金的援助项目。

3）要大力推动以低碳发展为特点的公益扶贫

低碳发展具有很强的公益性特征，一方面大力倡导公益性扶贫，将扶贫开发的公益性和发展低碳能源的经济性有效结合起来，通过打造企业参与贫困地区低碳扶贫的“公益品牌”，结合特许经营、税收优惠、金融支持等多样化政策手段，吸引更多经济实力雄厚的公司参与贫困地区的低碳工程建设和项目开发，提升贫困地区自我“造血”能力。另一方面，应开通和增设“低碳扶贫”慈善融资渠道，引导资金向贫困地区的减排项目流动，建议选取100个东部发达村与西部100个贫困村开展对口低碳帮扶试点，推动贫困地区借助公益性扶贫的良好机遇，在发展低碳产业上做大做强，提升吸引外部资金和向外输出的能力。

5.4.4 创新经济激励

贫困地区作为经济发展水平相对较低的地区，其低碳发展离不开各种资金的广泛支持，各级政府应在加强财政投入的同时，利用财政、税收、金融等多种经济手段，支持贫困地区的低碳技术项目与低碳产业发展。

1）完善对贫困地区低碳发展的税收政策

目前，贫困地区由于生产力发展滞后、区位劣势等多种因素，在同等税率基础上很难和发达地区在同一起跑线上吸引资本投资，因此要进一步强化和完善有利于贫困地区低碳发展的相关税收减免和优惠政策，带动贫困地区低碳产业的不断发展壮大。第一，对从事相关节能、低碳产品生产的贫困地区企业，就其生产经营节能、低碳产品所得，按一定比例对于企业所得税，或者企业房产税、土地使用税等方面给予一定税收减免。第二，对于积极尝试引进、研发低碳技术的相关企业，按相关引进费用、研发费用、技术咨询、培训费用一定比例进行税收扣除，或者按一定比例缩短无形资产部分摊销年限。第三，对于使用节能减排生产设备或者进行节能减排产品生产的企业，适当缩短设备折旧年限，或按加速折旧方法计提折旧；对于进口国内不能生产且可直接用于节能低碳产品的生产设备，减免其进口增值税和关税等。

2）强化生态补偿机制对贫困地区低碳发展的支撑作用

贫困地区往往具有重要的生态功能，不适宜或无法进行大规模经济发展及环境改造，因此，要充分考虑贫困地区生态保护的需要，通过强化生态补偿机制，为贫困地区生态脱贫提供更好的政策支撑。要把生态补偿机制的重点向贫困地区倾斜，对于在贫困地区实施退耕还林、退牧还草、水土保持、天然林保护、防护林体系建设和石漠化、荒漠化治理等重点生态修复工程的情况，中央政府或贫困地区上级政府应发挥“输血”功能，对该地区进行合理和有效的“生态补偿”，以国家财政补贴形式支付地区限制发展的机会成本和“生态贡献”，以国家转移支付的方式为当地居民提供合理的经济收益。

3）拓宽贫困地区低碳发展的融资渠道

第一，要加强针对贫困地区的绿色信贷，构建与贫困地区低碳产业发展相适应的绿色信贷体系，同时要充分考虑贫困地区发展能力相对较弱的特点，加强政府在信用担保、风险防控等方面的作用，为贫困地区企业创造更多的绿色融资机会。第二，要积极利用碳基金等新型融资方式为贫困地区低碳发展筹措资金。要将贫困地区低碳产业和低碳项目作为CDM基金、碳基金的优先支持领域，建立针对贫困地区的优先申请渠道和审批手续，同时要强化对碳基金使用的监管和后评估，确保碳基金在推动贫困地区低碳发展方面能发挥实效。第三，为贫困地区低碳资产上市经营提供绿色通道，尽快建立以省级政府牵头的低碳企业上市工作“绿色通道”制度，在处理上市后备企业各类问题时，在不违反国家政策法律的前提下，从贫困地区低碳经济发展的长远利益考虑，在政策上给予足够的支持。

5.4.5　加强市场带动

贫困地区与发达地区相比在碳市场的建设上更为滞后，但贫困地区低碳发展相比后者也具有更为长远的影响力，因此，要借助当前我国碳市场建设的有利时期，充分利用碳配额交易、自愿性碳交易等市场手段，加强对贫困地区的帮扶力度，为贫困地区低碳发展提供更大空间和更强动力。

1）将碳配额交易作为推动低碳扶贫工作的重要手段

贫困地区比发达地区更需要获得减碳所带来的环境收益，以此来弥补其提升经济发展水平的经济投入。鉴于我国东西部地区的经济发展水平差距及温室气体控制目标的不同，应推动建立针对贫困地区的碳排放交易补偿机制，让贫困地区优先参与碳排放交易并给予一定的特惠政策，并在广泛吸取我国试点省市碳交易市场运作经验的基础上，研究制定与连片特困地区相关联的碳排放交易办法和与之配套的补偿机制。建议在正在研究的国家碳市场建设方案当中，增加对贫困地区碳排放抵消项目的强制配额，同时借鉴已有CDM项目的相关方法学，在确保碳减排项目减碳效果真实性的同时，建立针对贫困地区碳排放抵消项目的简化方法学和审批程序。

2）完善贫困地区低碳发展的自愿减排机制

我国的碳减排自愿交易市场正处于不断发展壮大之中，应基于社会责任和“碳中和”的基本要求，建立专门针对贫困地区的自愿碳交易市场，引导企业、非政府组织、个人等社会多方力量参与低碳扶贫。与此同时，应加强贫困地区自愿碳交易市场的基础体系建设，研究开发针对贫困地区优势自愿减碳项目的核证方法学、相关注册体系和定价体系。

5.4.6 完善产业引导

当前贫困地区的产业结构同自身的资源禀赋、区位优势以及产业发展前景较不相称，因此在经济发展上的比较优势也相对较低。未来应加强对贫困地区的产业引导，推动贫困地区树立三大产业联动、全面协调发展的整体意识，通过积极引进和消化吸收先进低碳技术，推动本地区实现产业结构的转化、升级和低碳转型。

1）对贫困地区特色优势产业给予特别支持

在落实国家西部大开发以及产业转移等各项产业政策中，国家大型项目、重点工程和新兴产业要优先向符合条件的贫困地区安排，让大型项目的带动辐射作用充分显现。要针对每个贫困地区的具体情况，批准落户一些对低碳发展和脱贫带动力强的大型工业、旅游业以及农业深加工项目，引导生态产业、新能源产业、劳动密集型产业向贫困地区转移。

2）完善贫困地区产业转移政策

在东西部区域经济合作所带来的产业转移和结构调整过程中，贫困地区既要有效抓住这一产业和技术转移的良好契机，又要严禁“饥不择食”地盲目引进、低水平重复引进。要尽快制定《贫困地区低碳产业指导目录》，对于不符合目录要求的高耗能、高排放、高污染企业政府要严格加以限制，对于符合目录要求的企业政府要通过财政补贴、税费减免、生态补偿等经济激励政策予以重点支持。

3）加强低碳技术在贫困地区的应用

贫困地区在提升自身产业层次、承接国内产业转移、调整产业结构的同时，应注重低碳技术的引进、消化吸收和再创新，建议制定《贫困地区低碳发展技术指导目录》，同时加大对贫困地区低碳技术引进和研发创新的资金支持，特别要加强对贫困地区使用可再生能源技术、分布式能源技术、资源回收利用技术、低碳农林业技术等的支持力度，从研发、推广和应用等多个方面给予支撑。

5.4.7 提升社会意识

贫困地区特殊的地理、人文环境和较弱的经济、文化基础，决定了贫困地区决策者和普通民众对低碳发展的认知能力和意识水平也相对更低，要想在全社会范围内推动贫困地区的低碳发展，必须在普及推广低碳理念、加强低碳宣传教育方面加强工作。

1）要强化政府主管部门的教育培训

要开展专门针对贫困地区政府人员的低碳教育和培训，使其充分认识到低碳发展的重要性和必要性，树立低碳发展和扶贫开发协调联动的政绩观和工作理念，推动贫困地区政府将促进低碳发展作为其本职工作的重要环节和内容，加强对相关政策的理解和执行力，提升政府部门低碳发展的践行能力和管理水平。

2）要加强对企业的宣传培训

要积极组织开展针对企业界的宣传培训活动，加强对低碳发展相关政策的宣讲和解读，使企业理解低碳发展的必要性；要加强对企业开展与碳排放交易、低碳技术等相关的培训，调动企业参与低碳发展的积极性；要组织开展针对企业的广泛宣传，大力倡导企业的社会责任，引导企业自觉参与低碳项目和相关行动。

3）要加强对社会民众的宣传教育

第一，要广泛组织与低碳发展相关的宣传讲座和能力建设活动，在贫困地区居民中逐步建立“低碳不等于限制发展”、“低碳是促进发展水平和层次提高的重要手段”的广泛意识，要特别注重挖掘贫困地区传统文化中的“保护环境、人与自然和谐相处”的朴素生态观念，调动当地居民发展低碳经济的积极性。第二，要倡导贫困地区居民在日常生活的衣、食、住、行、用等方面多采用低碳模式，鼓励积极采用与贫困地区特点相适应的出行方式，如自行车，小排量、灵活便捷的机动车等，倡导生活简单、简约化，推进住房节能装修，并通过展示低碳项目所带来的实际经济和环境收益，引导居民自觉建立起低碳的生活和消费方式。第三，组织开展与低碳发展相关的社会公益活动，鼓励社会组织和个人通过多种方式参与低碳扶贫开发，积极倡导低碳扶贫志愿者行动，构建低碳扶贫志愿者服务网络。

第六章　贫困地区低碳发展案例研究
——以河北省蔚县为例

6.1　蔚县低碳发展的背景及意义

6.1.1　蔚县低碳发展的背景分析

1. 蔚县简介

蔚县古称蔚州，又名萝川，历史上是“燕云十六州”之一。位于燕山、恒山、太行山交汇处。全县总面积 3 220km^2，县境东西横距 74.55km，南北纵距 71.25km，位于东经 114°11′～115°04′，北纬 39°33′～40°12′。下辖 11 镇、11 乡、561 个行政村，是“全国文化先进县”、“民间艺术之乡”、“剪纸艺术之乡”、“剪纸艺术研究中心”、“最佳民俗文化旅游城市”、“仁用杏之乡”，“河北省历史文化名城”，全县有全国重点文物保护单位 21 处，中国传统村落名录 7 处，中国历史文化名镇 1 处，中国历史文化名村 1 处。

蔚县属冀西北山间盆地，恒山余脉由晋入蔚，分南北两支环峙四周，壶流河横贯西东，形成了明显的南部深山、中部河川、北部丘陵三个不同的自然区。南部深山区有河北省最高峰——小五台山，高 2 882m；中部河川区地势平坦，水源充足，土地肥沃，一直是京西著名的“米粮川”，历史上四大贡米之一的“蔚州贡米”享誉中华；北部丘陵区宜于发展林果业和种植业。蔚县气候属东亚大陆性季风气候，中温带亚干旱区，年平均气温 6.56℃，年平均降水量 425mm，年均无霜期 90～137d，年均日照 2 800～2 950h，光照充足，降雨量少，昼夜温差大。

蔚县自然资源丰富，蔚县全县耕地面积 84 037hm^2，林地面积 77 799hm^2，草原面积 63 492hm^2。全县水资源总量为 3.24 亿 m^3，其中地表水径流量 2.22 亿 m^3；

地下水资源为 1.56 亿 m^3，可采量 1.93 亿 m^3。煤田总面积 264km^2，探明储量 14.93 亿 t，远景储量 24 亿 t，是全国 100 个重点产煤县之一。

2. 蔚县的贫困状况

蔚县贫困人口多、贫困面大、贫困程度深、返贫率高、生态脆弱、发展滞后，是环京津贫困带典型的国家级贫困县。2001 年被列为国家扶贫开发工作重点县，2011 年被列入“燕山—太行山”连片特困地区，2012 年被列入河北省环首都扶贫攻坚示范区 9 县之一。全县总人口 50 万人，其中贫困人口 13.16 万人，占全县总人口的 27.5%；贫困村 203 个，其中扶贫工作重点村有 60 个。蔚县 2013 年地区生产总值约 85.11 亿元，不到全国国内生产总值（GDP）的万分之二；人均 GDP 约占全国人均 GDP 的 48.6%；农民人均纯收入约占全国农民人均纯收入的 62.6%[①②]。全县的受教育程度相对较低，2011 年，15 岁及以上年龄的文盲人口比例为 3.15%[③]。例如蔚县大南山飞狐峪深处的大宁村，全村 50 多户人家，人均年收入不足千元。村里的小学，也是南山区 20 多个大队唯一的一所小学。由民居改建而成，共有 4 间房。一间做教室，一间是过道和堆放取暖的燃料，另外两间是老师的住处。

3. 蔚县致贫的原因

1）自然环境致贫

蔚县地处我国农牧交错带中部，生态脆弱，自然灾害多发。历史上，这里要么河流泛滥，要么干旱少雨，要么战争连绵。自然资源经过了多年的过度采挖，草场开始退化、许多河流已经断流、风口和风道遍及各地，沙尘暴多有发生，自然环境恶劣。蔚县南北山区及西部矿区自然条件差、土地贫瘠，缺少种植高经济附加值作物的环境条件，生产方式落后，使得当地农业生产处于高投入、低产出的状态。在这种情况下，农业收入难以提高，加之又没有其他收入来源，使得当地人口处于贫困状态。蔚县气候恶劣，经常发生阶段性旱灾，有“十年九旱，年年春旱”之说，严重制约农业的发展。

2）制度政策致贫

除自然因素以外，蔚县受到制度性、政策性因素制约。蔚县地处京津上风

① 中国统计年鉴 .2014. 北京：中国统计出版社。

② 河北省蔚县国民经济统计年鉴 . 2014. 蔚县统计局。

③ 河北省蔚县国民经济统计年鉴 . 2011. 蔚县统计局。

上水，为减少京津发生沙尘暴，采取封山育林、退耕还林还草工程，给当地农业和畜牧业带来较大损失；为了保证京津水源的充足、清洁，大规模压缩工农业用水，甚至关停了一些效益可观的企业项目。由此而产生的大量富余劳动力无奈流向城市，农村青壮劳动力严重匮乏。在计划经济时期，尤其是与苏联关系恶化时期，这里也是北京的前沿防线。蔚县对外开放比较晚，也是引进外资最晚的地区之一。

3）产业结构致贫

蔚县经济发展类型属资源推动发展型，煤炭兴、经济兴。经济结构不尽合理，属“一煤独大”的畸形产业结构。而且以粗放式开采原煤为主，技术含量低、附加值少，经济效益差，环境破坏严重。另外，蔚县农业生产稳定性差，产业化水平不高，非煤工业发展缓慢，产业基础和基础设施薄弱，地方财政收入低，财政支付能力差，经济发展后劲不足。

4. 蔚县产业发展模式

蔚县是全国100个重点产煤县之一。煤田总面积264km^2，现已探明地质储量14.93亿t，远景储量24亿t，煤层浅、倾角缓、瓦斯少、矿井涌水量小，煤质低灰、低硫、发热量高，适于发电、供热和气化，是河北省目前已探明的储量最大、保护较完整的煤田。2007年，蔚县域内共有各级各类煤矿104家（不包括已关闭煤矿），其中省市属煤矿17家，县属煤矿87家、106处矿井。仅煤炭开采业在蔚县整体生产总值中就占到了26%（图6-1），再加上煤炭运输、存储等煤炭相关产业，煤炭产业占蔚县生产总值近50%，再加上煤炭伴生产业，涉煤产业占蔚县生产总值近60%（图6-2）。2007年全县生产总值达45.74亿元，较上年增长14.8%（表6-1）。因此，蔚县产业结构呈现“一煤独大”，县域经济出现一些畸形发展。具体表现为：一是资源配置不合理。因煤炭而产生的资金未经合理规划，大部分投入到煤炭及相关伴生产业，而这些产业大部分又被私人矿主左右，广大群众受益较少，造成贫富差距逐渐拉大。二是生态环境遭到破坏。受利益驱动，一个时期蔚县乡镇、个体小煤矿迅猛发展。这些小煤矿布局不合理，技术设备极端简陋，多数停留在下井放炮、骡车运煤的原始状态。生态破坏严重，地下水下降，地面沉降。如蔚县南留庄乡、老虎头等地由于煤炭开采的疏干作用，在当地已形成疏干性地下水降落漏斗。同时，煤炭开采对耕地的侵占、空气粉尘污染、废水废气废渣污染等十分严重，使本来就十分脆弱的生态环境雪上加霜。三是安全事故频发。在百度新闻搜索“蔚县矿难”可以找到相关新闻网页约 1 860 篇。“河北蔚县涌发矿难 16 人全部遇难（2002 年 7 月 18 日）”、“河北蔚县矿难 19 死 1 人失踪，全县所有煤矿被责令停产（2003 年 12 月 7 日隆泰煤矿）”、“搜救 4 天无果河北蔚县矿难失踪矿工生还希望渺茫（2005 年 11 月 30 日西坡煤矿）”、“河北蔚县水东煤矿矿难 17 名矿工全部遇难（2006 年 7 月 24 日水东煤矿）”、“河北蔚县矿难事故救援结束八名矿工全部遇难（2007 年 12 月 4 日黑石沟煤矿）”、“河北蔚县重大矿难瞒报事故确认 35 人死亡（2008 年 7 月 14 日李家洼煤矿）”……频发的矿难在当地早已见怪不怪，当地的老百姓最清楚，每年大大小小的矿难究竟有多少起。

表 6-1　蔚县 2003—2011 年生产总值增速

年份	2003	2004	2005	2006	2007	2008	2009	2010	2011
增速 /%	10.2	12.8	14.2	15.0	14.8	3.8	1.1	15.1	11.8

蔚县的大部分产业都是围绕着煤炭来展开的。同时大量的因煤炭而产生的财富也投入到了与煤炭产业相关的伴生产业当中，但这些资金并没有被合理地规划，而是被私人矿主所左右，进而导致了资金的浪费和使用的不合理，也造成了蔚县整体发展规划的混乱。然而这种产业结构的受益范围十分有限，一少部分私人矿主暴富，广大群众受益较少，因此造成贫富差距逐渐拉大。

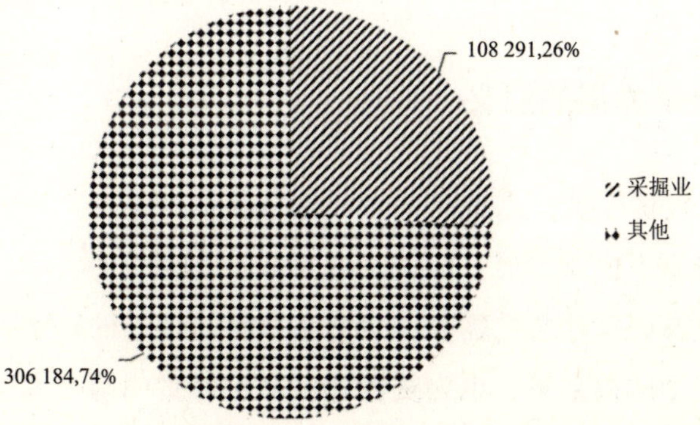

图 6-1　2007 年蔚县采掘业占地区生产总值的比例（单位：万元）

资料来源：2007 年蔚县统计年鉴。

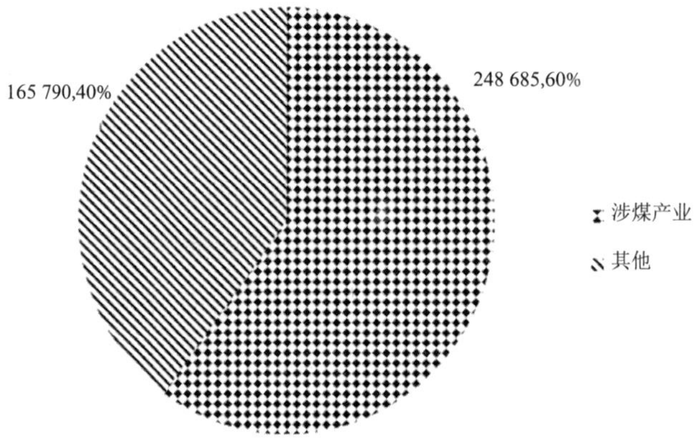

图 6-2 2007 年蔚县涉煤产业占地区生产总值的比例（单位：万元）

资料来源：2007 年蔚县统计年鉴。

蔚县过度依赖煤炭产业的发展模式是一种畸形的发展模式，由此而引发的结构性矛盾和生态环境破坏成为蔚县长远发展的隐患。一方面，产煤业确实给蔚县带来了财富。蔚县的 GDP 增加，但产业结构单一，除了煤炭产业外，基本上没有明显的潜导产业，没有形成有效产业链。随着资源的枯竭，经济逐渐衰退。另一方面，资源浪费较大，生态破坏严重，“小、散、乱”等现象普遍，安全事故频发。受利益驱动，这一个时期蔚县乡镇、个体小煤矿迅猛发展。这些小煤矿布局不合理，技术设备极端简陋，多数停留在下井放炮、骡车运煤的原始状态。环保安全措施不到位，造成安全事故频发，地下水下降，地面沉降，使本来就十分脆弱的生态环境雪上加霜。

6.1.2 蔚县低碳发展的意义

蔚县是国家级贫困县，也是河北省“综合改革试验县”之一。蔚县经济持续快速增长，得益于低碳发展，低碳发展完全符合蔚县的实际。低碳发展不仅是国家建设环境友好型社会的需要，也是蔚县自身发展的需要，既为蔚县可持续发展提供了一个解决方案，也为贫困地区减贫脱贫明确了方向。蔚县低碳转型发展之路对于探索贫困地区低碳发展有着重要的现实意义。

1. 适应国内外经济形势发展的迫切需要

在全球气候变化和环境问题的大背景下，全球向低碳经济转型成为大势所趋，2012年多哈气候大会，中国全方位展现低碳努力，积极探索发展低碳经济。党的十八大提出，要着力推进绿色发展、循环发展、低碳发展。在这一大背景下，蔚县要生存和发展，就必须转变增长方式，走低碳发展道路。蔚县顺应国内外发展低碳经济形势需要，在产业发展方式转变、节能减排、减贫脱贫等方面做了一些有益的尝试和探索，在节能减排、低碳环保、提高效益、增强县域经济竞争能力上作出了努力。

2. 实现蔚县可持续发展的客观需要

发展低碳经济，既是蔚县实现科学发展、和谐发展、绿色发展、低碳发展，构建和谐县域的迫切要求和战略选择，又是蔚县实现减贫脱贫的一味良方。从现实来看，低碳发展符合蔚县的发展实际。长期以来，蔚县“一煤独大”的畸形发展以及高耗能、高排放、高污染、低效益的传统经济给生态环境带来不可逆转的破坏，一旦破坏了这种和谐，则会逐渐引发生态危机、能源紧张和社会矛盾。因此，转变发展方式，走低碳发展之路，促进经济发展向低投入、高产出、低能耗、低污染、低排放的低碳经济转变，是实现蔚县可持续发展的客观需要。

3. 实现蔚县减贫脱贫的良好契机

低碳发展具有减贫脱贫、创业就业、节能减排、经济增长四重效应。蔚县是国家扶贫开发工作的重点县。国家、省、市高度重视贫困地区的发展。从国家层面来看，2011年底，中共中央、国务院颁布了《中国农村扶贫开发纲要（2011—2020年）》提出“更加注重转变经济发展方式”，新纲要提出了坚持扶贫开发与推进城镇化、建设社会主义新农村相结合，与生态建设、环境保护相结合，促进经济社会发展与人口资源环境相协调。这为蔚县实施低碳发展指明了方向。在国家扶贫规划中，蔚县以及河北39个县被列入国家扶贫开发工作重点县。从河北省层面来看，2012年河北省委、省政府启动了新一轮扶贫开发攻坚战，将环首都的蔚县、赤城、沽源、滦平、丰宁、兴隆、涞源、涞水、易县9个贫困县确定为环首都扶贫攻坚示范区，要举全省之力，力争实现环首都贫困地区3年基本摆脱贫困。从张家口市层面来看，张家口市委、市政府采取多种措施，促进贫困地区的发展，集中人力、物力、财力、智慧来推动扶贫攻坚工作，努力把蔚县建设成为全省扶贫攻坚工作的一个样板。

4. 蔚县未来抢占低碳经济市场的迫切需要

当前，发展低碳经济正成为世界各国寻求经济复苏，实现可持续发展的重要战略选择。据有关分析预测，未来中国很可能成为全球最大的碳市场，而蔚县在此形势下具有明显优势。一是蔚县目前大部分煤企的采煤设备尚未达到世界先进水平，依靠科技提高煤炭回采率、提高原煤利用效率、加强伴生资源综合利用的空间很大；二是蔚县目前产业结构调整还不成熟，随着对一些高能耗企业的改造、整合、转型，节能减排的空间很大；三是蔚县农村除了住房、生活炊事取暖炉具的升级改造以外，发展低碳农业的潜力巨大；四是蔚县实施的封山育林、退耕还林还草等生态工程在客观上是以最小的减排成本，换取最大的草地、林业的碳汇能力。因此，未来蔚县在低碳发展中将蕴藏巨大商机，必须抓住机遇，加快抢占低碳经济市场的步伐。

6.1.3 蔚县低碳转型的 TOWS-AHP 矩阵分析

根据 Kaya 公式，CO_2 排放 = 人口 × 人均 GDP× 单位 GDP 能耗 × 单位能耗排放量。结合蔚县具体情况来分析，其人口出生率不在低碳经济战略规划所能涉及的范围内，人均 GDP 则是首要任务，单位 GDP 能耗、单位能耗消耗量则需通过调整能源消费结构、产业结构、技术进步来实现。在现有技术水平、人口规模和能源结构的基础上，转变资源型经济结构是低碳发展的关键。

表 6-2 蔚县低碳经济转型的 TOWS-AHP 矩阵

	内部条件	优势（S）		劣势（W）	
		S1		W1	
核心因素		S2		W2	
		S3		W3	
		S4		W4	
	外部条件	机遇（O）		挑战（T）	
		O1		T1	
		O2		T2	
派生因素		O3		T3	

1. 蔚县经济转型的内部优势（S）

S1，自然资源优势

蔚县煤炭资源丰富，拥有可供大规模开发的煤炭资源；风能资源充足，境内南部山区、北部丘陵区、南山峪口冲击扇区均具有良好的风能开发条件；农业资源特色鲜明，具有杏扁、烟叶、蔬菜、小杂粮、中药材等特色资源。

S2，人文资源优势

蔚县文化底蕴深厚。数千年文明延续，汇聚游牧民族、农耕民族的多种文化精华。境内名胜古迹不胜枚举，现有文物遗存点 1 610 余处，其中国保 9 处，省保 30 处，是全国第二、河北省第一国保文物大县，被誉为“河北省古建筑艺术博物馆”。民间艺术独具风情，蔚县是“中国民间艺术之乡”、“中国剪纸艺术之乡”、“中国剪纸艺术研究中心”、中国文化创意产业示范县、中国最佳民俗文化旅游城市、中国视协电视纪录片拍摄创作基地、“全国文化先进县”、全国文化产业示范基地，被网友誉为“中国十大最具年味的地方”。蔚县生态旅游资源独特。自然风光千姿百态，堪称京西旅游胜地。境内南部深山，中部河川，北部丘陵，形成了小五台垂直带谱、甸子梁夷平面等独特的地形地貌，入选教科书，计划申报世界地质公园。另外，蔚县基础教育力量雄厚，具有充足的高素质劳动力后备资源。

S3，政府低碳政策制度优势

张家口市提出了文化立市、绿色崛起的发展思路，为蔚县低碳发展提供了一系列政策支持。蔚县确立了转型发展主题，明晰了实施“文化立县、旅游活县、工业强县、特色兴县”四大战略。

S4，政府工作人员低碳组织优势

2008 年，“7•14”大矿难后，临危受命的蔚县县委、县政府领导班子具有超前的意识、坚强的领导和执行力。

2. 蔚县经济转型的内部劣势（W）

W1，蔚县过分依赖资源的“一煤独大”的传统经济模式，短时间内不可能彻底改变。产业结构中除了有部分农业产业外，主要是煤炭业，其他工业少得可怜，且起步低，难度大。

W2，蔚县矿产工业的粗放型经济增长模式与低碳目标差距很大。

W3，蔚县缺乏低碳经济转型的技术资金支持。因煤炭而产生大量资金基本用于涉煤产业，低碳经济转型缺乏资金、技术支持。

W4，工业化和城镇化对低碳发展构成压力。随着蔚县工业化和城镇化进程的加快，对各种商品和服务的消费支出不断增加，在未来较长时间内能源消费和碳排放量将会有所增加。

3. 蔚县经济转型的外部机遇（O）

O1, 在全球气候变化和环境问题的大背景下，我国向低碳经济转型成为大势所趋，为蔚县尝试和探索低碳发展提供良好的外部机遇。

O2, 在国家的扶贫规划中，蔚县等河北 39 个县被列入国家扶贫开发工作重点县；河北省将其确定为环首都扶贫攻坚示范区之一；张家口要把蔚县建设成为全省扶贫攻坚工作的一个样板。这为通过经济转型实现蔚县减贫脱贫提供了良好契机。

O3, 据有关分析预测，未来中国很可能成为全球最大的碳市场，而蔚县具有明显优势，在低碳发展中将蕴藏巨大商机。

4. 蔚县经济转型的外部挑战（T）

T1, 国家现有的分税制财税体制不适应蔚县低碳转型。蔚县三大国有大型煤矿企业财税上交国家多，地方留成少。蔚县不发展经济就没有税收，低碳转型在短时间内大幅压低能耗排放，必然会制约经济发展，影响财税增收。长此以往，会造成低碳转型的财力支撑条件不足。

T2, 蔚县低碳转型缺少具体明确的政策法规支撑。目前我国较为完善的低碳城市标准是 2010 年 3 月 19 日中国社科院公布的《评估低碳城市新标准体系》，但这只是倡导性的体系。由于没有专门的法律法规，也没有相应的保障机制，面对企业钻空子、违法成本低的情况，无所适从。如果强行采取行政手段，又造成政府与企业甚至与老百姓的利益冲突，陷入“政府有压力，企业没压力”的尴尬局面。

T3, 蔚县总体碳排放水平低于河北省平均水平，在低基数基础上还要持续降低能耗比，给其工业化加快推进阶段提出挑战。

根据上述条件分析，结合蔚县低碳因素的偏好程度调查，排列各组评估矩阵，并计算 PV 值，整理出当地最先考虑的一组因素：S2-O1-W3-T2。蔚县在低碳转型的过程中，最重要的优势之一是文化旅游，最大的外部机遇之一是经济向低碳转型，最亟须的是低碳技术和资金的支持，建立和完善相关的政策法规。综合以上因素，蔚县实施低碳发展是可行的，低碳发展是实现蔚县科学发展、可持续发展的必由之路。

6.2 蔚县低碳发展路径选择

通过 6.1 节的分析看出，蔚县低碳转型目标实现的阻碍主要包括“一煤独大”的经济结构、粗放型经济增长模式、工业化和城镇化带来的减排压力和技术水平低下造成的能源利用效率低下等。因此，整改煤炭产业、提升能源技术水平，调整产业结构、发展新兴产业和新能源产业，节能降耗等，将是蔚县低碳转型的重点。

6.2.1 实施煤炭产业整改

1. 强化“双停”监管

蔚县煤炭产业在整改前的产业结构属于以国有煤矿为主，地方煤矿为辅，非法煤矿繁多的局面。整改前蔚县共拥有 104 家煤矿，其中省属以上煤矿 10 家，地方煤矿 91 家，其中共拥有 118 套生产系统，有近 30 家 40 余套生产系统属非法经营。2009 年，蔚县对 245 处非法生产矿点 336 个非法井口彻底毁闭，88 个自建井口和 43 个列入关闭范围的煤矿关闭到位，90 家地方煤矿（水西煤矿已批准生产）、113 处矿井全部停产停建。直至 2011 年底，蔚县共关闭 43 家煤矿，废除 53 套生产系统，拥有近 40 家煤矿，40 余套生产系统恢复生产，还有近 20 家煤矿在审核当中。

2. 实施煤矿整合

从 2008 年开始，蔚县借鉴山西等省的经验，引进开滦集团、冀中能源、山东肥城三大集团整合地方煤矿。整合工作分两步实施，第一步先整合与国有大矿重叠的矿山企业。一是由开滦集团蔚川矿业有限公司出资对崔家寨矿区范围上部的 7 个上组煤矿进行补偿后关闭；二是蔚川矿业有限公司崔家寨矿区范围上部的兴旺、咸周和永兴等 4 个煤矿由该公司进行整合；三是水西煤矿上部的狼窝、杏疏树园、兴发和聚鑫湾 4 个乡镇煤矿由水西煤矿进行整合；四是水东煤矿上部的裕兴、宏盛两个县办国有煤矿由水东煤矿进行整合；五是对蔚县西坡煤炭开采有限公司、蔚县小西沟与蔚县泉子沟煤炭开采有限责任公司进行整合。第二步是整合国有煤矿周边以及其他乡镇的煤矿。冀中能源重组蔚县黑石沟煤炭开采有限公司、忠盛煤炭开采有限公司、古城沟煤矿、升辉煤矿、小关煤炭开采有限公司、鑫达煤炭开采有限公司、东坡煤矿 7 家煤矿，这 7 家煤矿共 11 个矿井将被规划成 5 个管理规范的煤炭开采公司。山东肥矿收购红土湾煤矿、森合煤矿、大东山煤矿等 10 家地方煤矿。目前蔚县煤炭产业控制在三大企业手中，分别是：开滦集团、冀中能源和山东肥矿。蔚县近 90% 的煤炭企业整合重组到三家国有大型煤矿，并基本完成了对煤矿的技改工作，使蔚县产煤业逐步走上集约化经营、规模化开发、规范化生产、清洁化利用的良性轨道。

6.2.2 发展文化旅游产业

在深入调研和邀请有关专家科学论证基础上，针对自身历史沉淀丰厚、文化资源富集、民间文化独特等特点，蔚县树立“物质矿越挖越少、文化矿越挖越厚”的理念，确立“文化立县”发展战略，变“挖煤矿”为“掘文矿”，蔚县低碳转型的发展思路逐渐明晰。

1. 明确文化旅游发展思路

一是大空间构建。以蔚州古城为核心，构建蔚县大旅游的发展格局，按照山、城、堡、矿一体的产业布局，将古城、古堡、大南山、小五台、废矿区等旅游空间整合起来，充分利用，发展复合型产品，构建一体化旅游目的地。二是大文化整合。倡导文、古、俗一体，将文化遗产保护、民俗文化体验、文化创意之城三大文化主题融为一体。通过传承和弘扬传统文化，展示蔚县原真民俗魅力。通过文化融合与创新，构建文化创意产业集群。三是大体验产品。在优化结构、提升素质的要求下，突破传统观光游览的发展模式，围绕休闲、文化、体验、运动等主题，把休闲作为旅游延伸和扩展的重点领域，对应新型消费，培育新型供给，构建新型目的地。四是大聚集发展。产业集群是现代经济发展的必然趋势，也是旅游经济增长的重要力量。蔚县旅游业在基础开发相对薄弱的条件下，着眼于差别竞争和错位发展，以大聚集催化大产业，结合自身资源特色和发展基础，构建若干集中度大、关联性强、集约化水平高的旅游产业聚集区，形成产业支撑力、市场辐射力、文化影响力和资本凝聚力[①]。

2. 布局文化旅游产业发展空间

在产业布局上，蔚县确定了“一城，两山，三堡，四区，五朵金花，六大服务体系”的空间发展格局[②]。以文化为核心，以生态（包括自然生态和文化生态）为特色，以聚集区为吸引极，以服务体系为纽带，构建复合型旅游目的地。“一城”指蔚县县城旅游区，包括古城、新城区，以及代王城遗址和南张庄，是旅游核心区、集散地和服务基地，以“文化名城，休闲福城”为定位，创建国家5A级旅游区，也是创建国家历史文化名城主要区域。“两山”分别指小五台山和大南山，是未来蔚县旅游发展的新空间，也是实现山城一体的主要区域，其中小五台山曾为文殊菩萨道场，也是佛教中准提法门发源地，创建全国生态旅游示范区。“三堡”分别指暖泉镇古堡组团、涌泉庄乡古堡组团、宋家庄镇古堡组团，是原生态民俗文化的精华聚集区，在保护前提下，开展文化体验和遗产观光，创建国家民族民俗文化旅游区。“四区”指古城历史文化旅游区、小五台金河口生态旅游区、飞狐峪大南山山地旅游区和阳眷镇特种旅游开发区，为旅游文化产业聚集区，是进行大空间整合的主要区域，形成未来蔚县旅游生产力的主体。“五朵金花”指树花、灯花、窗花（剪纸）、杏花、雪绒花、金莲花，分别是蔚县古堡、民俗、物产和生态的标志，可称为“蔚州五绝”，具有独特的旅游价值和发展空间。“六大服务体系”分别指徒步穿越服务体系、自驾车服务体系、自行车旅游服务体系、特种旅游服务体系、摄影影视科考服务体系、数字旅游服务体系。一方面与旅游区（点）形成配套，消除“短板效应”，另一方面，提升过程体验，乃至无景点旅游，是休闲度假消费的新趋势和最高境界。因此，旅行服务体系与旅游区（点）的规划建设同等重要。

3. 发展文化旅游产业具体做法

一是制定规划。按照科学、可持续发展要求，遵循经济社会发展规律，适应全国乃至世界文化产业发展潮流，高标准、高水平搞好文化产业发展规划，确保较长时期内不落伍。蔚县前期投资2 000多万元，编制了《蔚县城市发展战略规划》《蔚县历史文化名城保护规划》《蔚县暖泉历史文化名镇古村落保护规划》

---

① 《河北省蔚县旅游业发展总体规划（2009—2020年）》。

② 《河北省蔚县旅游业发展总体规划（2009—2020年）》。

等，聘请北京传媒大学编制了《蔚县“十二五”文化产业发展总体规划》，聘请清华大学专家编制了《暖泉古镇文化产业发展规划》，计划投资12.7亿元，按照5A级景区标准，分步推进暖泉古镇保护性开发，精心打造中国北方最具民俗文化特色的生态古镇。计划投资22亿元，分古寺庙和古民居、历史街区、古城墙和城门修缮、护城河改造及配套设施四部分恢复九朝古城风貌，打造全国历史文化名城。

二是谋划项目。发展文化产业，必须有大量的资金注入，必须有大项目的投资拉动，为此，蔚县全力以赴实施重大项目带动战略。总投资100亿元的瑞意投资四季度假（滑雪）小镇项目，已签订投资意向书。总投资21亿元的壶流河城区段综合治理工程，2011年5月开工建设，完成投资1 000万元。总投资12.7亿元的暖泉古镇文化产业园区项目，累计完成投资1亿元。总投资12.4亿元的上苏庄十八堂文化旅游项目和总投资23亿元的蔚州古城剪纸文化产业示范园项目，前期工作顺利开展。同时，谋划了飞狐峪、仙佛峪开发等项目，为文化旅游产业的繁荣发展积蓄了后劲。

三是举办活动。蔚县坚持把开展“中”字头和“国”字头的重大活动作为发展文化产业的有效载体，尽快重塑蔚县形象，扩大对外影响力，提高蔚县知名度，以节为媒，打文化牌，唱经济戏。2010年8月成功举办首届中国剪纸艺术节，荣获“2011中国十大品牌节庆”称号，蔚县剪纸文化产业园区被河北省委授予“五个一”工程奖。2011年7月6—8日，举办第二届中国剪纸艺术节暨首届蔚县国际剪纸艺术节，16个国家百余名国际友人，27个省市41个传承地的剪纸艺人相聚蔚县，开展开幕式、剪纸艺术博物馆开馆等九大异彩纷呈的主体活动，并颁发古戏楼、古村堡申报大世界吉尼斯世界纪录证书，叫响“世界剪纸看中国•中国剪纸看蔚县”“千年蔚州•九朝古城”品牌。深入开展丰富多彩的年节文化活动，形成“五万人次观点杆、十万人次赏树花、百万人次看社火”的壮观场面，演绎“中国式狂欢节”，叫响了“年节之都•民俗蔚县”品牌。

四是发展旅游景区。蔚县坚持老景点抓提升，新景点抓开发，各景区均实现了进档升级。两个生态景区小五台•金河成为4A景区，飞狐峪•空中草原成为3A景区。两个人文景区暖泉古镇面貌焕然一新，成为2A景区，特别是树花节目，蔚县计划两年内投资2亿元，对节目进行全面包装提升，力争打造成世界顶级大型民俗表演节目，现已投资 1 000 余万元，从场地、剧目、灯光等方面进行包装提升，彰显“火树金花”特色，并在剪纸艺术节期间亮相；蔚州古镇景区，州衙剪纸博物馆、南安寺塔、常平仓、玉皇阁、王敏书院以各具特色的布展，在国际剪纸艺术节期间相继开馆，为建成博物馆群奠定了基础。

五是政府推动。蔚县把发展文化产业作为“一把手”工程，县级领导齐上阵，县直部门同参与，包乡联点，建立了部门、景点“一对一”帮扶机制，在人力、物力、财力上全力支持。在暖泉古镇开发上，调配相关部门分包 26 个重点工程项目，国际剪纸艺术节前全部完工。在文保单位布展上，粮食局、蔚州镇等单位分包 5 个重点展馆的保护维修工程并及时完成了各具特色的布展。在景区基础设施投入上，仅 2009 年就投入 1.32 亿元，建设和改造了 10 条旅游公路，实施了暖泉古镇、空中草原、金河口等景区基础设施建设工程。在国际剪纸艺术节筹备上，县委、县政府主要领导，多次组织相关人员，以调度会、现场办公会、实地视察等多种形式，督导筹备工作情况，使各项工作紧张有序推进。

六是区域联合。蔚县把加强区域间的广泛合作作为有效途径，积极融入北京旅游板块和黄金旅游线路，融入张家口五个旅游大区。2010 年 5 月牵头发起并承办首届京晋冀“11+3”区域旅游合作（蔚县）联席会议，8 月首届中国剪纸艺术节期间又组织召开了合作推进会，为促进优势互补、信息交流、强强联合、相互推介，共同打造 6 条主题不同的特色精品线路奠定了基础。成功谋划并促成了京蔚高速公路开工建设，贯通后蔚县将由首都三小时经济圈进入一小时经济圈，为实现与北京同城化发展创造了必要条件，努力争做环京津休闲旅游产业带的骨干力量。

七是全社会参与互动。蔚县积极争取领导支持，抓住省、市领导高度重视蔚县重树形象，高度重视蔚县转型发展的有利时机，包装暖泉古镇、蔚州古城、上苏庄产业园等项目，并争取列入省重点。蔚县在北京成立了专家工作站，定期组织开展活动。聘请 33 名科学发展顾问，为蔚县党员干部举行专题讲座 30 余场次，提出合理化建议上千条。蔚县先后组织 700 余名干部分赴天津滨海、云南丽江、湖南凤凰、四川双流等先进地区学习取经。深化与驻蔚大企业、大集团的合作，使他们在蔚县的重大活动中发挥积极作用，作出积极贡献。成立剪纸协会、拜灯山协会、点杆协会、打树花协会、饮食协会等民俗文化协会，深挖文化内涵，加强文化产品研发，推动文化产业的深层次发展。每年召开一次蔚县老乡联谊会，借助他们的力量，引进项目、引进客商、回乡置业，宣传蔚县、支持蔚县、发展蔚县。

6.2.3 开发新能源产业

一是蔚县以实施国家大型风光储输示范工程和双百万千瓦级风电基地为契机，利用南部山区年有效风速时数在 7 000h 以上的风能资源，加快空中草原风电三期、东甸子梁风电一期等风电项目建设进度，预计到 2015 年使风电装机容量达到 100 万 kW。二是利用充足的太阳能资源，建设装机 10MW 的太阳能光伏发电项目；三是与张家口市文冠天蓝生物科技发展有限公司签署战略合作协议，打造中国北方最大的低碳生物质可再生能源基地。该基地规划用地 300km^2 即 45 万亩，将大面积种植以生物质能源林为主的经济林。其中一期工程 20.4 万亩，配套育苗基地 2 000 亩，全力发展生物柴油和生物乙醇等项目。

6.2.4 推广特色农业

蔚县围绕杏扁、烟叶、中药材、蔬菜、小杂粮、食用菌和畜牧养殖七大产业，大力发展无公害、无污染的绿色食品，提高农特产品的附加值。引导扶持蔚县杏扁经销总公司、蔚县烟叶经销总公司、张家口金瑞德食品有限公司等 6 家省市重点龙头企业和 15 家成长型龙头企业扩模升级，其中，河北欣奇典生物科技有限公司的亚麻酸专业生产提取流水线达到国际领先水平，开发的系列亚麻酸、有机食用油等产品已成功打入国际高端市场。“蔚州”牌贡米、“扶桑泉”牌开口杏核、“小扁担”牌杂粮炒货等 12 个商标通过食品安全体系认证、绿色无公害农产品认证。同时，加大保健食品和医药用品的开发力度，将蔚县打造成京西绿色农产品供应基地。经过近几年的低碳发展，蔚县开展了经济转型和多种探索，经济逐渐走出低谷，带动了就业，提高了人口收入，低碳发展的效果日益明显。

6.2.5　推进节能减排

蔚县在低碳转型升级过程中实现以最少的能源消耗、最低的环境污染，追求最大的经济效益，实现经济发展与环境保护“双赢”。蔚县淘汰能耗大企业，细化高耗能工业结构调整指标。2012 年，淘汰蔚县水泥有限公司 8.8 万 t 水泥立窑生产线一套；围绕生态建设，引导、督促企业完善节能减排设施，积极推进污水处理管网、垃圾填埋场等市政设施建设。目前，建成并投入运行污水处理厂年处理污水 238 多万 t，垃圾填埋场年填埋垃圾 54 750t；指导企业安装在线监测仪器，健全环境监测网络，建立环境违法行为查处机制。

6.3　蔚县低碳发展成效及分析

6.3.1　蔚县低碳发展的问卷调查分析

为深入了解蔚县低碳发展状况，课题组通过查阅相关材料，参考前人的研究成果，根据课题目标要求，设计了“蔚县煤炭环境影响调查问卷”和“蔚县低碳发展调查问卷”两套问卷（见附件一、附件二）。2013 年 1—3 月，课题组发动张家口两所高校的蔚县籍大学生深入蔚县各乡镇、村进行调查，通过实地走访、发放问卷。其中“关于蔚县煤炭环境影响调查问卷”发放 1 000 份，回收 896 份，回收率为 89%，有效率为 96%；“关于蔚县低碳发展调查问卷”共发放 1 000 份，回收 945 份，回收率 94%，有效率 100%。通过对数据整理分析，得出相关结论。

1. 蔚县煤矿环境情况分析

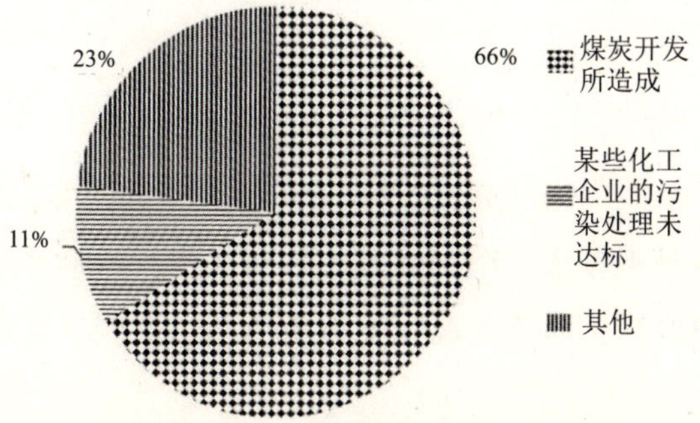

图 6-3　对环境存在问题的主要原因的认识

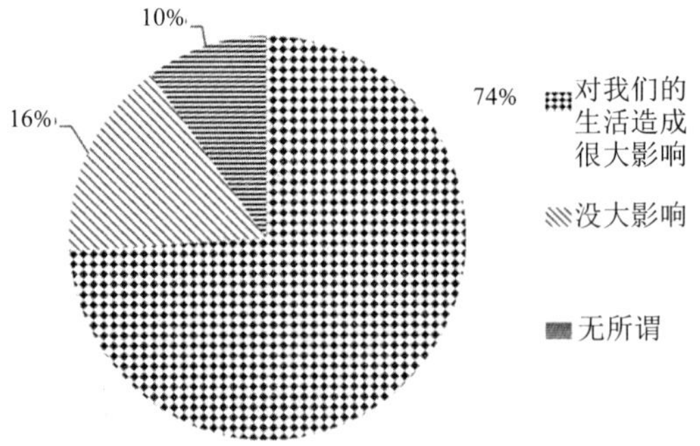

图 6-4　对环境存在问题的主要原因的认识

数据显示，目前蔚县大多干部群众对蔚县环境存在问题的认识集中在煤炭开发上，认为因为煤炭开发造成环境问题的占 66%，23% 的人认为是化工企业污染所致（图 6-3）。作为资源型经济大县，有 74% 的受访者认为煤炭对蔚县人民生活影响是很大的（图 6-4）。我们应该清楚地认识到发展低碳经济是势在必行的。

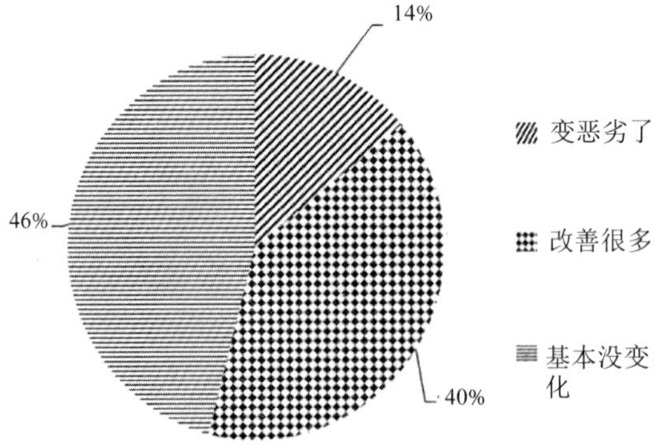

图 6-5　蔚县近年来环境状况

图 6-5 数据显示，40% 的受访者认为蔚县近年来环境状况改善很多，有 46% 的受访者认为蔚县近年来环境状况基本没有变化，14% 的受访者认为蔚县近年来环境恶化。说明蔚县环境状况虽然有所改善，低碳发展成效较为明显，但形势仍不容乐观。

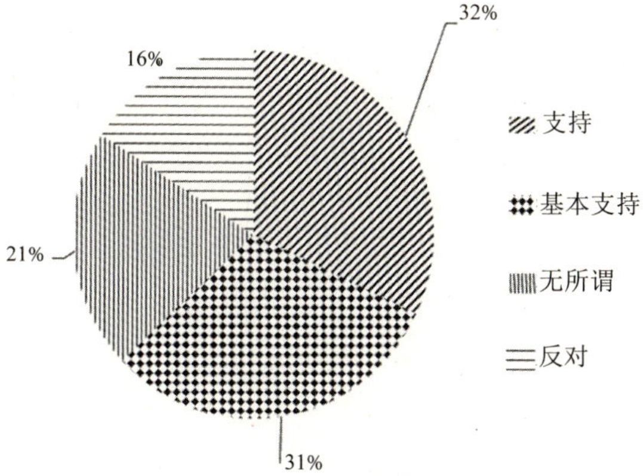

图 6-6　居民对开发煤矿的态度

图 6-6 数据显示，有 63% 的居民支持煤矿开采，其中 32% 的居民支持煤矿开采，31% 的居民基本支持煤矿开采，有 16% 的居民反对煤矿开采，21% 的居民表示无所谓。这说明，虽然煤矿开采给当地环境造成很大影响，但也给当地居民带来实惠，大部分居民表示基本支持，需要进行科学管理。

2. 蔚县低碳发展相关情况分析

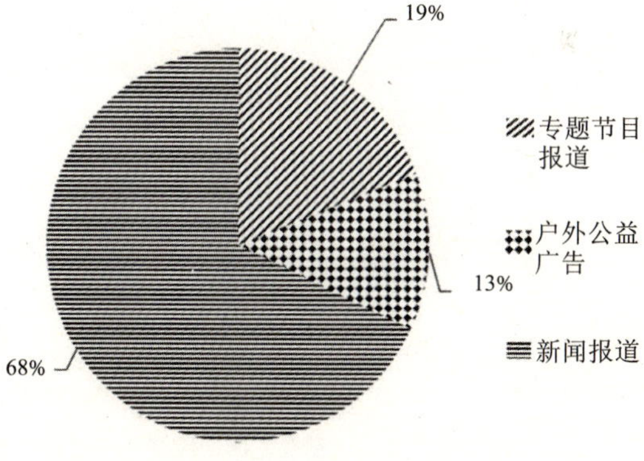

图 6-7　居民对“低碳经济”一词了解途径

图 6-7 数据显示，有 68% 的居民是通过新闻报道了解低碳经济的，19% 的居民是通过专题节目报道来了解的，有 13% 的居民是通过户外公益广告来了解的。可见，电视等新闻媒体的宣传仍是宣传低碳经济的基本方式。

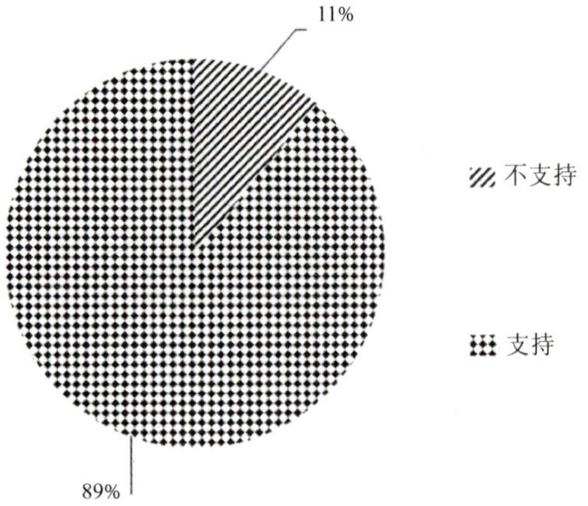

图 6-8 蔚县群众对煤矿整改的态度

图 6-8 数据显示，有 89% 的受访者对煤矿整改支持，有 11% 的表示反对。可见煤矿整改有很好的群众基础。

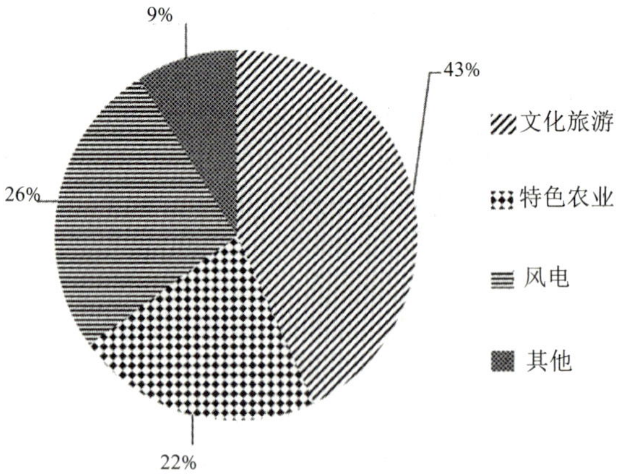

图 6-9 群众对蔚县发展低碳经济产业的前景

图 6-9 数据显示，有 43% 的受访者认为发展文化旅游前景良好，36% 的受访者认为发展风电产业前景良好，22% 的受访者认为发展特色农业前景良好。可见蔚县发展低碳经济产业有良好的群众基础，特别是发展文化旅游产业更是深入人心。

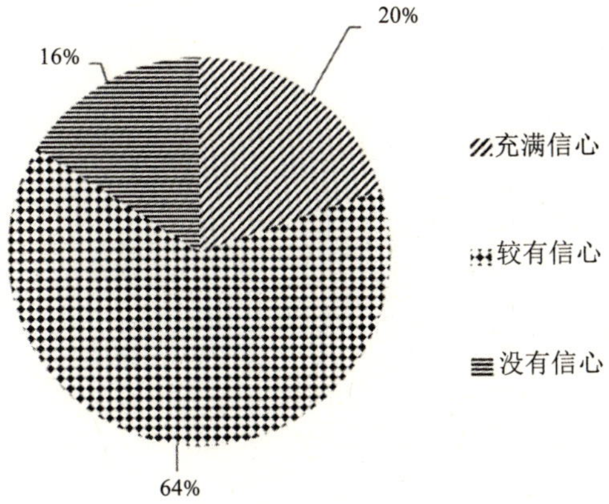

图 6-10　群众对蔚县低碳脱贫的信心

图 6-10 数据显示，有 84% 的受访者对蔚县的低碳脱贫有信心，其中 64% 的受访者对蔚县的低碳脱贫充满信心，20% 的受访者对蔚县的低碳脱贫比较有信心，16% 的受访者对蔚县的低碳脱贫没有信心。可见，低碳发展已是人心所向。

6.3.2　蔚县低碳发展的主要成效

1. 煤炭整改进展良好

目前，冀中能源、山东肥矿和开滦集团三大集团共接收了蔚县 90% 左右的煤矿，蔚县煤炭产业的整体局势变得明朗，目前以开滦煤矿、邯郸矿业集团、蔚县水西煤矿等大型煤炭企业正在积极地恢复生产，目前产量、产值、单位能耗等指标均已远远超过整改之前水平，可以说整改取得了阶段性成果。

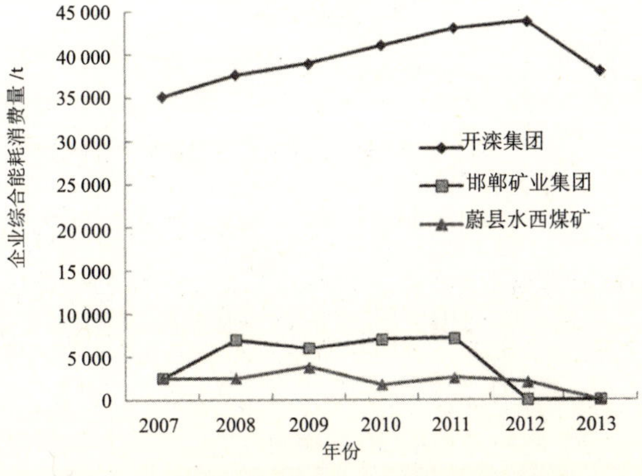

图 6-11　蔚县主要煤炭开采企业综合能耗消费量

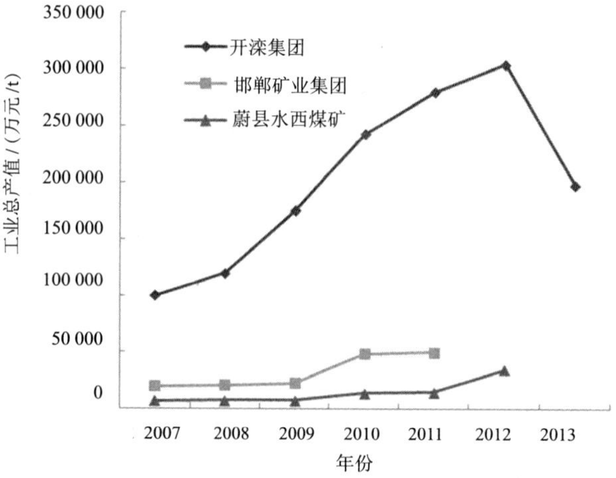

图 6-12　蔚县主要煤炭开采企业整改前后工业总产值

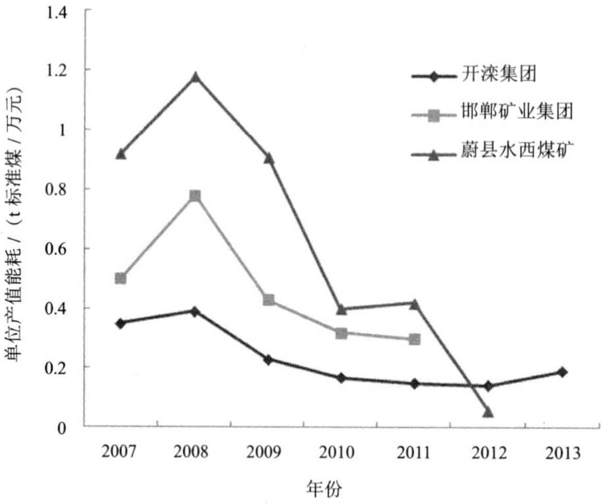

图 6-13　蔚县主要煤炭开采企业整改前后产值能耗变化图

表 6-3　蔚县煤炭产量完成情况（2007—2013 年）　单位：t

	2007	2008	2009	2010	2011	2012	2013
原煤(小计)	9 036 107	9 151 057	8 168 161	9 741 979	10 791 602	8 563 000	7 622 000
开滦集团	5 176 033	6 075 400	6 463 920	8 239 848	9 005 603	7 824 000	7 622 000
邯郸矿业	852 890	914 116	1 343 612	1 097 154	132 0767		
水西煤矿			360 629	404 917	465 232	739 000	
县属煤矿	825 811	531 541					
乡村办煤矿	2 181 373	1 630 000					

注：水西煤矿为县属国有煤矿。

蔚县煤炭资源整改对蔚县整体经济的影响是巨大的，特别是 2008—2009 年，蔚县当地的生产总值骤然回落，各项投资急剧减少，在 2009 年可以明显看到出现了负增长，虽然在 2010 年之后又大幅回升，但是对比图 6-11 和图 6-14 可以看出规模工业增加值在 2009 年到 2010 年增长迅猛，提高了 1 倍多，同时当地生产总值也提高了 15%，可见煤炭资源整合对当地经济的影响是巨大的。

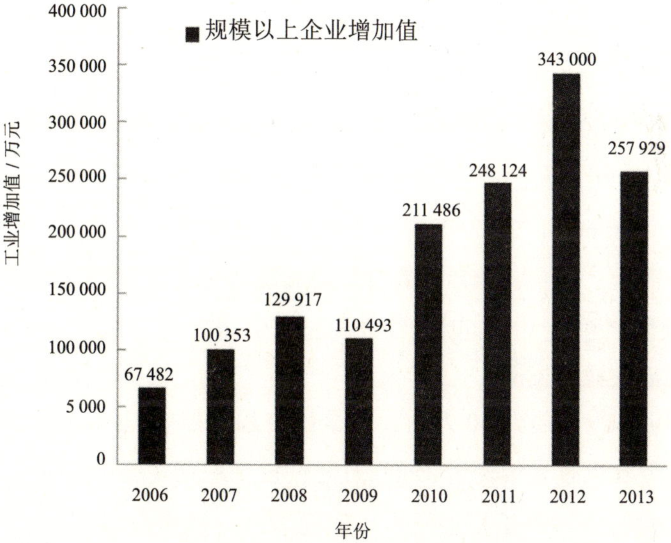

图 6-14　蔚县 2006—2011 年工业增加值

资料来源：蔚县统计年鉴（2006—2014 年）。

2. 文化旅游发展态势良好

支撑蔚县经济发展的主要资源是煤炭。蔚县因煤减贫，GDP 快速上升，少数人暴富，人民生活有所改善；但环境问题、生态问题、安全生产问题制约了蔚县脱贫减贫的进程。蔚县因煤返贫，2008 年“7·14”矿难致使蔚县经济发展速度急速下滑，失业增多，贫困程度加深。“7·14”矿难后，蔚县再也不能走资源型经济发展的老路，更没有别的路可选择，只有通过低碳转型，转变经济型经济发展方式，发展文化产业，来实现经济社会的可持续发展。蔚县提出由“一煤独大”向多业并举转变，由“挖煤矿”向“掘文矿”转变。短短四年时间，蔚县靠文化重塑形象、靠文化扩大影响、靠文化凝聚人心、靠文化引领发展的实践，不仅实现了文化资源大县向文化强县的巨大跨越，而且实现了整个经济社会发展的华丽转身。通过发展文化，吸引了项目流、资金流的不断汇集，蔚县成为全国最具投资潜力中小城市百强县，全县经济在经历止住下滑、回暖向好、快速发展之后，2013 年全县生产总值、财政总收入分别达到 2007 年的 1.86 倍和 2.7 倍，创出历史最好水平。蔚县文化产业从业人员由 3 万增至 6 万，文化产业增加值占全县 GDP 的比重由 1% 提高到了 4.3%，而且拉动了交通运输、餐饮娱乐、商贸服务等相关产业的发展，使全县经济逐步走出低谷。全县接待游客人数 2008 年、2009 年、2010 年、2011 年、2012 年分别为 8.5 万、25.2 万、50 万、50.5 万、160 万人次，而 2013 年已达到 241 万人次，实现社会总收入 8 亿元，均同比增长 60%。2013 年蔚县文化产业增加值完成 3.7 亿元，成为县域经济的支柱性产业，被专家学者称为文化引领经济社会发展的“蔚县文化现象”。2013 年全县生产总值、全部财政收入同比分别增长 -6.60%、5.4%、47.7%。

3. 特色农业稳步发展

蔚县杏扁基地拓展到 60 万亩，占全国杏扁栽植面积的 10%；烟叶面积稳定在 3 万亩，烟农总收入年均达 3 000 万元；设施蔬菜发展势头良好，中药材、小杂粮、食用菌、舍饲养殖稳步发展。东海乳业、欣奇典等一批“龙头”企业发展壮大。蔚州贡米成为国家地理标志保护产品。

4. “一煤独大”产业结构有所改善

2011 年，蔚县结构调整迈出重要步伐，逐步走出“一煤独大”畸形发展困境，形成以能源产业为主导、文化旅游产业、特色农业、现代物流业多业并举的新格局。2013 年，能源产业、整合煤矿技改投入 14.6 亿元，12 家煤矿实施技改、6 家煤矿试生产，预计今年原煤产量达到 1 200 万 t。风电呈集群发展态势，40 万 kW 并网发电，10 万 kW 开工建设，15 万 kW 前期进展顺利。以上工业增加值完成 32 亿元，同比增长 12%。文化旅游，主打剪纸、民俗、古建、生态四张牌，投资 1.5 亿元，蔚县文化引领经济转型模式，受到中央、省市领导的充分肯定。2012 年全县接待游客 160 万人次，创造旅游总收入近 8 亿元，均同比增长 60%。现代物流，鑫宇物流二期建成运营，以煤炭为主的物流业实现主营业务收入 90 多亿元。

5. 经济持续平稳发展

纵观蔚县经济转型前后的发展过程，可以看出蔚县经济增长速度轨迹：增长缓慢—大幅下滑—止滑见效—持续增长。蔚县经济因为低碳转型进入到了持续平稳发展的阶段，在张家口市占有重要位置。蔚县主要经济指标 2013 年比 2007 年翻了一番多。城镇居民人均可支配收入和农民人均纯收入分别完成 19 260 元和 5 569 元，均约为 2007 年的 2.3 倍（图 6-15）。

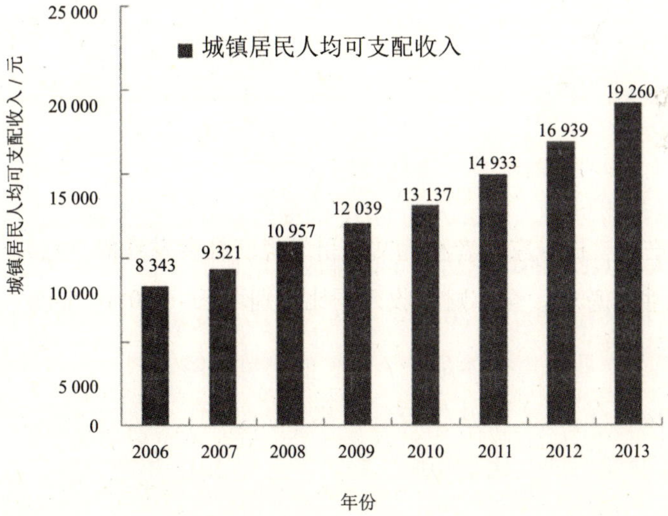

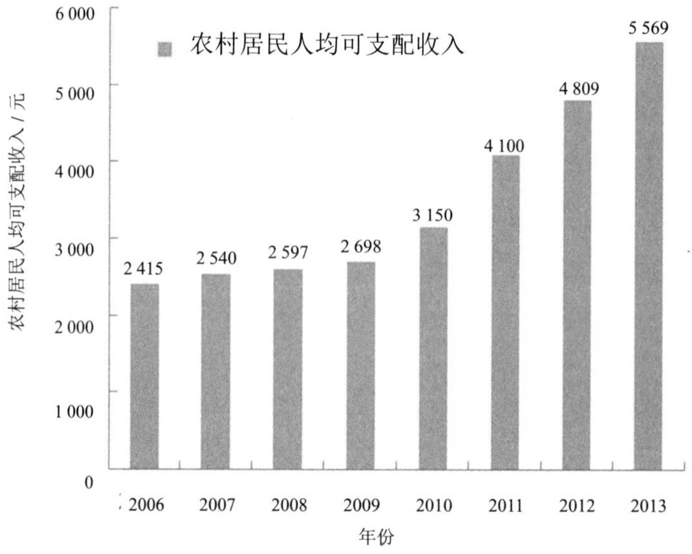

图 6-15　蔚县 2006—2013 年城镇居民人均可支配收入和农民人均纯收入

资料来源：河北省蔚县国民经济统计年鉴 2014。

6. 低碳发展前景良好

蔚县低碳发展经历了一个曲折的发展过程。从数据分析来看，2005—2012 年人均 GDP 与人均碳排放量速率是一个曲折的变化趋势。近几年蔚县碳排放量增速趋于放缓（图 6-16），且 2009 年之前蔚县人均 GDP 的增速一直低于碳排放量增速。自 2009 年蔚县调整经济结构，扭转“一煤独大”局面，发展文化旅游，发展低碳经济以来，蔚县人均 GDP 的增速逐渐超过了碳排放量增速，且在 2012 年蔚县人均 GDP 的增速达到了碳排放量增速的 4 倍。

从数据分析来看，2007—2013 年三次产业比重变化是一个曲折的变化趋势。近几年蔚县第三产业比重整体是一个增长的趋势（图 6-17），且 2008 年第三产业比重低于 2007 年。自 2009 年蔚县调整经济结构，发展文化旅游，发展低碳经济以来，蔚县第三产业比重呈增长趋势，且在 2013 年蔚县第三产业比重超过了三个行业的一半。

蔚县的低碳发展是从现实出发，走了一条渐进发展之路。蔚县在低碳转型的过程中，不是丢开煤炭产业。蔚县的做法是先在煤炭整改的基础上，逐步向发展文化产业方向转变。发展文化产业需要巨大投入，而蔚县是国家级贫困县，脱贫减贫任务还十分繁重，因此，发展文化产业还需要其他高碳产业的“反哺”。

表 6-4　蔚县 2005—2012 年碳排放总量

年份 / 能源	2005	2006	2007	2008	2009	2010	2011	2012	2013	CO_2 排放系数 / (t-CO_2/t)
原煤 / t	45 997	51 973	58 923	81 353	82 135	85 537	78 210	74 931	109 932	1.900 3
焦炭 / t	0	0	0	24	0	0	0	0	0	2.860 4
汽油 / t	842	968	1 082	840.17	311.69	235	347	537	338	2.925 1
煤油 / t	2	3	14	14	1	0.75	3	0	0	3.017 9
柴油 / t	820	1 267	1417	1 714	1044	943	698	725	561	3.095 9
电力 / 万 kW•h	5 674	8 764.3	11 247.8	12 076.8	14 056.6	179 286.5	20 844.7	26 007	16 550	12.46 t-CO_2/万 kWh
碳排放量 / t	163 113	214 731	259 715	312 947	335 376	389 546	411 534	470 254	417 842	

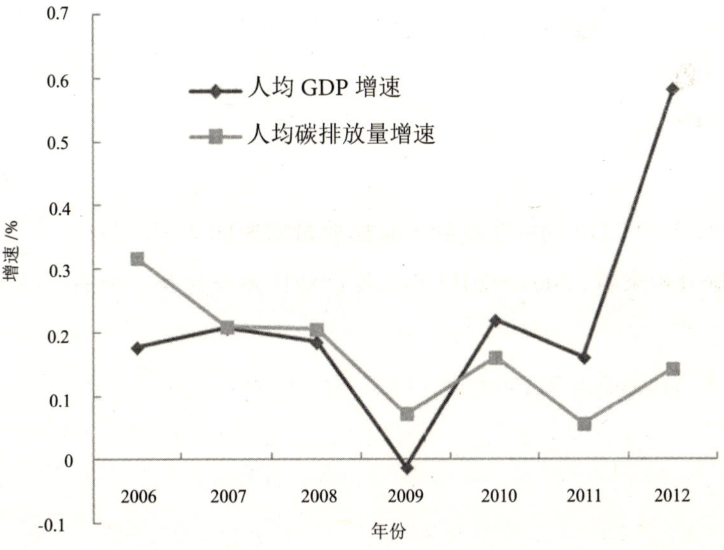

图 6-16　蔚县 2005—2012 年人均 GDP 与人均碳排放量速率关系图

表 6-5　蔚县 2007—2013 年三次产业比重情况表　　单位：%

年份	一产	二产	三产
2007	17.1	36.4	46.5
2008	15.5	39.4	45.1
2009	16.1	32.6	51.3
2010	13.4	41.7	44.9
2011	14.8	41.0	44.3
2012	15.4	42.1	42.5
2013	18.9	30.3	50.8

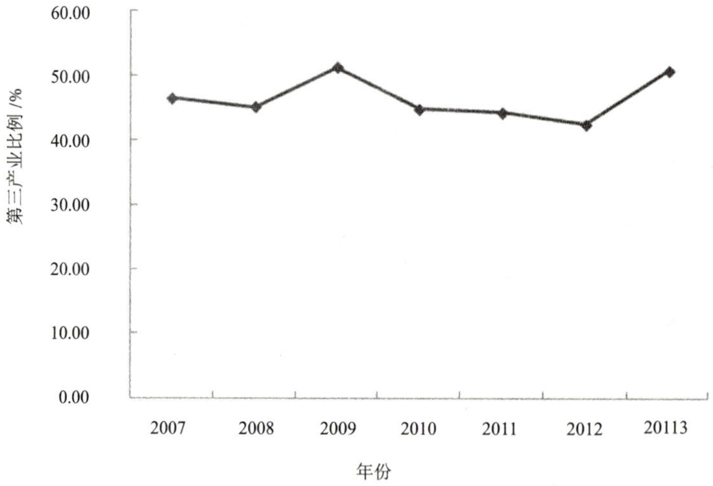

图 6-17　蔚县 2007—2013 年第三产业比重变化情况表

6.4　蔚县低碳发展的经验、挑战及对策

6.4.1　蔚县低碳发展的经验

国内外低碳发展的经验，如欧盟的低碳经济政策框架，美国的“经济新进程”低碳发展计划，日本的“低碳社会”目标，四川广元震后重建低碳发展模式，河北保定的“低碳城市”规划等为蔚县发展低碳经济提供了借鉴。蔚县经济转型实践证明，“低碳发展”与“经济增长”并不矛盾。在蔚县，低碳发展、走出困境两项主要任务基本上都没有耽误。从长远来看，蔚县的低碳发展不是慢

发展、不发展，而是促进经济社会可持续发展的科学发展。蔚县低碳发展虽然难度大，但意义深远，而且可行，蔚县的经验和做法不仅适应于贫困地区低碳扶贫，有些对发达地区的低碳发展同样具有借鉴意义。

1. 树立低碳发展理念

蔚县坚持科学发展、低碳发展的可持续发展理念，确立了“文化立县、旅游活县、工业强县、特色兴县、生态安全”作为五大发展思路，取得了社会效益和经济效益的双丰收，实现了低碳发展与经济发展、社会进步的一致性。

2. 低碳发展和扶贫、减贫、脱贫和致富相结合

在贫困地区，低碳发展必须和扶贫、减贫、脱贫和致富相结合，才有生命力。通过政策支持，实现扶贫目标；通过产业调整，实现减贫目标；通过培育新的低碳经济增长点，实现脱贫目标；通过地区低碳发展，实现真正致富。贫困地区工业化、城镇化水平较低，相对于发达地区，贫困地区产业调整和低碳转型的成本低、动作快、阻力小，后发优势明显。蔚县是典型的国家级贫困县，因煤减贫，又因煤而致贫，如今则因文化而名，文化成为发展的主引擎，通过发挥文化引领风尚、教育人民、服务社会、推动发展的作用，带活了经济社会发展全局，引领全县经济社会步入了科学发展、转型升级轨道。蔚县的实践证明，低碳发展不是发达地区的专利，贫困地区也可以发展低碳经济。

3. 低碳发展与传承创新并举

贫困地区低碳发展要因时、因地而宜，并无成功的模式可供复制，必须结合地区实际，科学分析优势和劣势、机遇和挑战，发挥比较优势，树立超前发展理念，探寻科学发展思路，才能取得一定发展成效。蔚县文化资源富集，为当地发展低碳经济提供了良好条件。蔚县充分发挥优势资源，并把优势发挥到极致，主打“剪纸、古建、民俗、生态”四张牌，克服不利因素，发挥比较优势，创新文化产业，在传承与创新之间发展低碳经济，这是蔚县低碳经济取得了一定成效的原因。

4. 低碳发展是一项系统工程，需要全社会的支持和参与

贫困地区低碳发展是一项系统工程，涉及社会生产和生活的各个领域，离不开全社会的参与。蔚县文化产业从规划、推进到实施都离不开领导的支持、干部的努力、社会的帮助、群众的参与。蔚县积极争取省市领导的支持，主动向科研机构和高等院校的专家学者求技术、揽人才，建立环境卫生管理、场馆

管理运营、提升民俗节目、剪纸艺术传承、剪纸学校交流等“常态化”机制，为文化产业的快速发展激发了活力，提供了保障。

6.4.2 蔚县低碳发展面临的挑战

蔚县的低碳发展取得了一定的成绩，从短期来看，低碳发展与经济增长不一定成正比。

一是蔚县煤炭整合的负面影响。虽然蔚县煤炭资源整合提高了产煤量和生产总值，但也带来了一些负面影响，制约了蔚县的经济发展，造成了一系列社会问题，如煤炭整合造成的人员失业问题。另外，蔚县低碳技术创新能力不足。特别是在煤炭产业，需要引进适宜低碳技术，如煤炭提质加工、煤层气的高附加值转化、清洁高效燃煤发电、新型煤化工等技术。

二是蔚县文化旅游产业发展规划需要科学性。在低碳发展战略上，蔚县确立了“文化立县”的发展战略，而且文化立县提的位置很高，需要在产业发展、资源条件和空间布局上要有明晰的主线，否则，很容易回到以煤炭产业为主干、以文化为点缀的老路上。

三是产业结构调整还需向纵深推进。由于受整改影响，煤炭伴生产业受到了波动，除了大力扶持文化产业外，其他产业由于缺少资金的注入，发展还是相对缓慢的。未来几年蔚县依然面临着产业结构整改和煤炭产业整合修正等问题。

6.4.3 蔚县低碳发展的对策

低碳发展是一项长期任务和系统工程，不可能一蹴而就，必将经历一个嬗变阶段，这个阶段中高碳发展与低碳发展相互交织，相互作用。蔚县低碳发展迫切需要缩短这个阶段，需要全社会的关注、参与和支持，需要不同群体担当低碳发展责任。

1. 以低碳发展为目标，明确未来低碳发展路线图

蔚县应根据当前经济社会发展现状，结合低碳标准，加强顶层设计，尽快制订出低碳发展路线图。一是将低碳发展纳入县域经济社会总体发展规划，明确未来低碳发展的方向、重点、内容、措施等；二是制订低碳发展专项规划，特别是文化产业、旅游产业、煤炭产业等重点行业低碳发展规划，明确发展思路和重点等；三是制订地方低碳发展标准和规范，提出相应的政策措施和考核指标体系。

2. 加快低碳转型步伐，建立适应低碳发展的现代产业体系

一是继续加大煤炭整改力度，逐步实现低成本、低能耗、低污染、低排放、高产出、高安全的生产；二是继续发展文化旅游产业，努力实现文化产业与旅游开发互动双赢；三是发展壮大循环经济，以小杂粮生态农业示范基地建设为载体，推进循环经济发展；四是发展新能源产业，促进蔚县经济快速走上可持续发展的新工业化道路。

3. 加强制度建设，建立低碳发展的长效机制

一是建立低碳发展评价和激励机制。采取有效的监督和管理，加强低碳发展的评价体系建设，建立有效的奖惩激励机制，建立低碳经济目标责任制和问责制；二是深化体制改革，形成有利于促进低碳经济发展的体制条件和政策环境，建立自觉节约资源和保护环境的机制；三是创新绿色融资方式，逐步建立低碳发展利益与风险共担机制、多元化的投融资机制。

4. 营造低碳发展的社会氛围

一是打造“参与式低碳”社区示范项目。积极组织居民开展低碳环保宣传活动，培育低碳消费行为，营造低碳文明观，对低碳行为进行奖励，确保低碳发展理念深入人心，并成为每个人的自觉行为。二是要确立政府、企业和公众不同群体低碳发展责任。即政府做好宣传舆论引导，企业改进生产方式，公众开启“低碳生活”。

5. 国家加强政策扶持，建立低碳发展补偿支持机制

一是给予更优惠的财税政策。适当延长税收优惠政策年限，降低税收优惠政策门槛。二是给予产业政策的支持。对于能源资源型产业，在改造整合、技术升级和节能环保方面给予支持。对太阳能、风能、生物能源等可再生能源产业给予支持。三是要给予金融政策的支持。创新低碳绿色融资模式和贷款方式，引导金融机构加大对低碳技术改造及低碳经济、环境保护、低碳产能建设项目信贷支持，优先为他们提供直接融资服务。四是京津地区要对蔚县低碳发展给予一定资金支持或生态补偿，相关机构要定期对蔚县进行指导、检查和评估。

您好！我们是“贫困地区低碳发展研究”课题组，诚恳地希望您抽出几分

附件一 蔚县低碳发展调查问卷

钟时间对以下问题选项前方框内打"√"。我们相信，您的认真、诚实地填写将为我们开展蔚县低碳扶贫研究项目提供良好的素材，谢谢!

1. 您的性别:

□男 □女

2. 您的年龄:

□ 16 岁以下 □ 16 ～ 44 岁 □ 45 ～ 60 岁 □ 60 岁以上

3. 您的学历层次:

□文盲 □半文盲 □小学 □初中 □高中职校、中专

□大专 □本科及以上

4. 您听说过"低碳经济"这个概念吗?

□知道 □没听说过

5. 您是通过以下哪些方式知道"低碳经济"一词的?

□新闻报道 □专题节目宣传 □户外公益广告

6. 您对县委、县政府关停小煤窑、整合煤矿做法的态度是什么?

□支持 □不支持

7. 您认为蔚县发展低碳经济的前景如何？

	文化旅游	风电产业	热电产业	光电产业	物流业
很有前景					
一般					
前景不好					

8. 您认为目前您种植的状况如何？请在表内相应位置打“√”。

	杏扁	烟叶	蔬菜	中药材	小杂粮	食用菌
很好						
良好						
一般						

9. 您的家庭年人均收入：

□1200元及以下 □1200～2300元 □2300～3200元

□3 200～5 000元 □5 000元及以上

10. 导致您的家庭不富裕的主要原因是：

□除农业以外没有其他收入来源 □家庭成员患重病或残疾 □子女上学负担重 □居住地自然条件很差 □赡养老人负担重 □抚养子女负担重 □劳动力缺乏 □自然灾害或突发事件 □矿区生态破坏严重，农业发展困难 □其他原因

11. 您家的主要收入来源是：

□种植业 □养殖业 □旅游 □经商 □外出务工收入 □政府提供的保障资金或扶贫资金 □子女或亲戚援助

12. 您认为当前政府对农村扶贫的重视程度如何？

□非常重视 □重视 □一般 □不重视

13. 您觉得政府扶贫政策给农村困难群体带来的帮助如何？

□非常大 □大 □一般 □很小

14. 您对当地农民脱贫致富信心如何？

□充满信心 □较有信心 □没有信心

15. 您对所生活的环境满意吗？

□非常满意 □满意 □不满意 □很不满意

16. 您主要使用的能源有哪些？

□使用液化气瓶或管道煤气或天然气 □焚烧秸秆等柴草 □使用太阳能 □使用当地的沼气 □使用各种煤

17. 您认为生活中最突出的环境问题是什么？

□空气污染 □水污染 □噪声污染 □煤炭污染 □垃圾污染 □其他（请补充）

18. 您的家乡有没有因为矿产资源的开发导致环境污染问题？

□有 □没有

19. 环境污染对您身体健康的实际影响，您如何评价？

□不严重 □不太严重 □一般 □比较严重 □严重

20. 政府在治理煤炭污染方面的工作，您如何评价？

□满意 □比较满意 □一般 □不太满意 □不满意

21. 如果价格略高，您愿意选择绿色家具用品和环保装修吗？

□愿意 □不愿意

22. 您认为到蔚县近年来沙尘暴天气有哪些变化？

□有所好转 □不断恶化

23. 您认为发展绿色、环保、生态经济对您脱贫致富有帮助吗？

□有 □没有

24. 您认为蔚县发展绿色、环保、生态经济有哪些优势？

□生态优势 □资源优势 □文化优势 □其他优势

25. 您认为蔚县发展绿色、环保、生态经济需要哪些支持？

□政策支持 □资金支持 □人才支持 □其他

26. 您认为推动蔚县低碳发展最迫切解决的问题有哪些？

□低碳发展理论框架研究 □低碳技术研发 □政府决策者的思想引导

□低碳生活理念引导 □其他

27. 您是如何看待县委、县政府在生态建设与调节方面的作用的？

28. 您希望国家对蔚县低碳发展提供哪些方面的政策支持和服务？

29. 您对发展绿色、环保、生态经济有什么好的建议和意见？

30. 您对绿色、环保、生态蔚县有何展望与期待？

附件二
蔚县煤矿环境影响评价调查问卷

真诚感谢您参与本次调查问卷！本次调查是“贫困地区低碳发展研究”课题组专题调查项目，旨在让我们更多的了解蔚县煤矿开采对周边环境的影响，以及对周边居民正常生活的影响，从而促进对矿区环境污染的治理，实行绿色开采。以下问题，请您在相应的□内打"√"(可多选)。若另有意见，请写在本表下面，谢谢您！

1. 您认为前几年蔚县环境存在问题的主要原因是什么？

□煤炭开发所造成 □某些化工企业的污染处理未达标 □其他

2. 煤矿开采过程中引起的环境污染您怎么看待？

□对我们生活造成很大影响 □没对大影响 □无所谓

3. 您认为目前矿区的环境状况怎样？

□很好 □较好 □一般 □较差 □很差

4. 您认为煤矿开采对矿区环境造成何种影响？

对环境空气质量的影响：

□较小 □较大，但可接受 □ 极大，不可接受

对地表水环境质量的影响：

□较小 □较大，但可接受 □极大，不可接受

对生态环境质量的影响：

□较小 □较大，但可接受 □极大，不可接受

对声环境质量的影响：

□较小 □较大，但可接受 □ 极大，不可接受

对水资源的压力：

□较小 □较大，但可接受 □极大，不可接受

对草地的压力：

□较小 □较大，但可接受 □极大，不可接受

对居民生活质量的影响：

□明显改善 □影响不大 □降低

5. 您认为目前的矿区环境状况与几年前相比是否有所改善？

□改善很多 □基本没有变化 □变恶劣了

6. 煤矿开采对您产生的不利影响您能接受吗？

□接受 □采取保护措施后接受 □不接受

7. 您认为蔚县煤矿整改对当地经济发展有何影响？

□有利 □影响较大 □影响不大 □阻止

8. 您是否支持矿区的开发：

□支持 □基本支持 □无所谓 □反对

9. 您认为矿区现在最主要的保护目标和对象是什么？

10. 您对矿区污染防治和生态减缓措施有哪些好的建议？

参考文献

[1] 游俊，冷志明，丁建军．《连片特困区蓝皮书：中国连片特困区发展报告（2013）》．北京：社会科学文献出版社，2013.

[2] 中央政府门户网站．《中国农村扶贫开发概要》，[2006-11-19] http://www.gov.cn/zwhd/ft2/20061117/content_447141.htm.

[3] 农村水电站资源和开发优势，[2008-12-17]. http://www.shp.com.cn/zlk/ckjl/zjyzw/200812/t20081217_418667.html.

[4] 联合国开发计划署．中国人类发展报告 2013：可持续与宜居城市——迈向生态文明，中国对外翻译出版有限公司 .[2013-06] http://www.cn.undp.org/content/dam/china/docs/Publications/UNDP-CH-HD-Publication-NHDR_2013_CN_final.pdf.

[5] 新华网 .2001 年：“八七扶贫攻坚计划”. 新华网，[2009-07-28] http://news.qq.com/a/20090728/001279.htm.

[6] 新华网．全球变暖导致青藏高原气候出现显著变化 [EB/OL]，[2007-12-12] http://news.xinhuanet.com/newscenter/2007-12/12/content_7233713.htm

[7] 人民网．如何界定小康标准 [EB/OL]，[2002-11-28]. http://www.people.com.cn/GB/shizheng/252/9483/9694/20021128/876917.html

[8] 中国新闻网．贵州省 2013 年生态移民将逾 15 万人，[2013-02-04] http://www.chinanews.com/df/2013/02-04/4544958.shtml

[9] 青海日报．海东地区平安县创低碳绿色县域经济发展新品牌，[2012-09-01] http://www.qh.xinhuanet.com/2012-09/01/c_112922916.htm

[10] 中国畜牧业信息网 . 因地制宜种草养羊 晴隆创脱贫新模式，[2012-06-05]

http://www.yzgood.net/article-31870-1.html

[11] 新华社 . 我国未来 6 年将组织实施光伏扶贫工程，[2014-10-17]

http://www.gov.cn/xinwen/2014-10/17/content_2766723.htm

[12] 中国吉林网 .“低碳吉林”新能源产值奔千亿 [EB/OL]，[2012-09-24]

http://www.jl.gov.cn/tzjl/tzdt/201209/t20120924_1287550.html

[13] 中国经济网 . 河北省张北县：利用风能太阳能打开致富路 .[2010-11-19]

http://news.hexun.com/[2010-11-19]/125718695.html

[14] 河池日报 . 奉海峰：依托长寿养生资源推进旅游开发扶贫 .[2014-05-12]

http://gx.people.com.cn/n/2014/0512/c357100-21187682.html

[15] 中国经营报 . 工业化工减排遭弃，农林项目成 CDM 新宠 . [2010-03-19]

http://www.gesep.com/Hot/show_2_188609.html

[16] 新华网四川频道 . 川西南林业碳汇项目启动，2014 年建成四川最大碳汇林 .[2011-09-24].

http://www.sc.xinhuanet.com/content/2011-09/24/content_23773880.htm

[17] 中国财经报网 .“遂昌模式”“打造亿元”“淘宝县”[2012-08-25].

http://www.cfen.com.cn/web/meyw/2012-08/25/content_902296.htm

[18] 农民日报 - 中农业新闻网 . 科学施肥促进稳产增产 [2013-05-29]

http://www.farmer.com.cn/xwpd/jjsn/201305/t20130529_847578.htm

[19] 农业部网站 . 农业部就三大主粮科学施肥区域大配方答记者问 .[2013-07-26]

http://www.gov.cn/gzdt/2013-07/26/content_2456072.htm

[20] 内蒙古新闻网 . 突泉县测土配方施肥促进农业增产减排 . [2013-03-25]

http://xam.nmgnews.com.cn/article/20130522/277462_1.html

[21] 黑龙江日报 . 齐齐哈尔市拜泉县生态大县踏上绿色低碳路 .[2010-10-30]

http://www.hlj.gov.cn/zwdt/system/2010/10/30/010111442_01.shtml

[22] 广元政府网 . 苍溪县发展低碳农业措施力效果显，[2012-06]

http://www.cngy.gov.cn/ht/2012/6/136928.html

[23] 楚雄州农业局 . 云南牟定县积极推进“低碳”农业 .[2011-07-05]

http://www.chinaacc.com/new/184_900_201107/05lv382170220.shtml

[24] 人民网－人民日报 . 三个中国村镇的新颜：拥抱“绿色中国”.[2012-11-05] http://cpc.people.com.cn/18/n/2012/1105/c351073-19493479-2.html

[25] 人民网－人民日报 . 三个中国村镇的新颜：拥抱“绿色中国”[2012-11-05] http://theory.people.com.cn/n/2012/1105/c40531-19495092.html

[26] 中国绿色时报 . 让生态旅游助力连片扶贫开发 .[2012-10-17] http://www.greentimes.com/greentimepaper/html/2012-10/17/content_3217498.htm

[27] 黔西南州委宣传部 . 黔西南州长龙长春 . 加快生态建设发展生态旅游 . [2012-05-09].

http://city.sina.com.cn/city/t/2012-05-09/175229814.html

[28] 西部网 . 秦岭生态旅游经济中的“宁陕探索”.[2013-05-12]. http://news.cnwest.com/content/2013-05/12/content_9200363.htm

[29] 人民网经济频道 . 中国定西马铃薯综合交易中心 .[2007-06-28] http://finance.people.com.cn/GB/8215/86182/86190/5921911.html

[30] 诸大建 .《从“里约 +20”看绿色经济新理念和新趋势》. 载《中国人口 • 资源与环境》，2012 年第 22 卷第 9 期 .

[31] 胡鞍钢 , 唐啸 , 鄢一龙 . 中国绿色储蓄率核算 : 1978—2010[J]. 中国软科学 , 2013 （8）: 3-15.

[32] 胡鞍钢 . 中国 : 绿色发展与绿色 GDP （1970—2001 年度）[J]. 中国科学基金 , 2005, 19(2): 84-89.

[33] 胡鞍钢 . 中国：创新绿色发展 [M]. 北京 : 中国人民大学出版社，2012.

[34] 胡鞍钢 , 唐啸 , 杨竺松 , 鄢一龙 . 中国国家治理现代化 [M]. 北京 : 中国人民大学出版社，2014.

[35] 张坤民，潘家华，崔大鹏 . 低碳发展论（上·下）[M]. 北京 : 中国环境科学出版社，2009.

[36] 李晓燕 . 低碳农业发展研究 : 以四川为例 [M]. 北京：经济科学出版社，2010.

[37]《中国低碳年鉴》编委会 . 中国低碳年鉴（总第 2 卷）[M]. 北京 : 冶金工业出版社，2012.

[38] 庄贵阳 . 低碳经济——气候变化背景下中国的发展之路 [M]. 北京 : 气象出版社，2010.

[39] 顾朝林，等. 气候变化与低碳城市规划 [M]. 南京：东南大学出版社，2009.

[40] 王志军. 河北蔚县：煤炭资源型县域转型的文化产业之路 [N]. 中国文化报，2011-12-07.

[41] 崔立勇. 蔚县剪纸：三万人撑起的非物质文化遗产 [N]. 中国经济导报，2010-9.

[42] 沈建明. 河北蔚县剪纸的产业之路 [N]. 中国艺术报，2010-7.

[43] 程美霞. 促进蔚县文化旅游业发展的建议 [J]. 山东纺织经济，2013(5).

[44] 王建春. 对蔚县剪纸艺术继承和发展的思考 [J]. 华章，2011(17).

[45] 陈颐. 蔚县剪纸：技艺薪火相传 精品闪耀光彩 [N]. 经济日报. 2010-09-5.

[46] 刘妮丽. 蔚县经验——非遗传承要靠产业化 [N]. 北京商报，2010-08-02.

[47] 樊艳丽. 基于气候变暖的中国低碳城市研究 [J]. 现代商贸工业，2011(17).

[48] 张长龙. 略论低碳城市建设的长效机制 [J]. 经济问题探索，2011(7).

[49] 毛超，李世蓉，刘杨. 向"低碳城市"转型框架体系与途径 [J]. 重庆大学学报（社会科学版），2011(4).

[50] 曹坤源，周葆生. 低碳城市发展的现状和对策研究——以合肥市为例 [J]. 安徽农业大学学报（社会科学版），2011(4).

[51] 任慧玲. 常州市建设低碳城市可行性分析 [J]. 合作经济与科技，2011(19).

[52] 陈桃，董素琴. 广元打造低碳城市 SWOT 分析及其策略 [J]. 特区经济，2012(11).

[53] 李夏燕，张瑞琴，铁甲. 中国煤炭产业发展环境分析 [J]. 科技创新与生产力，2011(2).

[54] 王莉. 英国低碳激励政策对中国矿区的借鉴 [A]. 全国矿区环境综合治理与灾害防治技术研讨会论文集 [C]. 2011.

[55] 孙桂娟. 等. 低碳经济概论 [M]. 济南：山东人民出版社，2010.

[56] 熊焰. 低碳转型路线图 [M]. 北京：中国经济出版社，2011.

[57] 曹诚. 西部欠发达地区发展低碳经济调查——以甘肃酒泉为例 [J]. 西部金融，2010-04.

[58] 王必达 . 后发优势与区域发展 [M] . 上海 : 复旦大学出版社，2004.

[59] 付加锋 . 低碳经济理论与中国实证分析 [M] . 北京 : 中国环科学境出版社 .2012 .

[60] 张燕 . 绿色小额信贷：低碳农业的政策性金融支持路径探析 [J]. 武汉金融，2011(2).

[61] 姜振秋 . 北方农村能源生态模式在辽西贫困地区的应用及发展 [J]. 可再生能源，2008,26(3).

[62] 蔡绍洪 . 低碳经济背景下西部欠发达地区高碳产业发展研究 [J]. 广西社会科学 , 2012(1) .

[63] 甘路有 . 低碳经济产业结构优化的路径探析——以四川省民族地区为例 [J]. 河北经贸大学学报（综合版），2012,12(3).

[64] 李伟 . 低碳经济下农村新能源产业发展政策研究 [J]. 全国农村清洁能源与低碳技术学术研讨会论文集 .

[65] 陈烈 . 基于低碳经济的环京津贫困带发展模式研究 [J]. 北华航天工业学院学报 , 2012, 22(2).

[66] 倪外 . 基于低碳经济的区域发展模式研究 [D]. 2011.

[67] 陆汉文 . 连片特困地区低碳扶贫道路与政策初探 [J]. 广西大学学报（哲学社会科学版），2012,34(3).

[68] 李鹤 . 农业碳交易与农村扶贫 [J] . 中南民族大学学报(人文社会科学版)，2010,30(5) .

[69] 李慷 . 中国能源贫困问题现状分析 [J]. 中国能源，2011,33(8).

[70] 黎大治 . 贫困地区加快工业经济发展的思考 [J]. 中国经贸，2011，18: 106-107.

[71] 林而达 . 实行分区扶贫战略应对扶贫工作新形势 [N]. 人民日报，2009-10-19(B01).

[72] 王新 . 破解环境与贫困问题症结的关键——促进社会公平 [J]. WTO 经济导刊，2011(3).

[73] 李艳 . 资源富集性贫困地区可持续发展路径探讨——以云南省兰坪县威力 [J]. 安徽农业科学，2009，37(2).

[74] 陈列，等 . 基于低碳经济的环京津贫困带发展模式研究 [J]. 北华航天工业学院学报，2012，22(2).

[75] 新华网 . 加快贫困地区产业发展的实践与思考 . [2009-11-25]. http://news.xinhuanet.com/theory/2009-11/25/content_12475795.htm

[76] 经济日报 . 大力培育发展特色农业 . [2010-12-06] http://finance.sina.com.cn/roll/20101206/08293541103.shtml

[77] 汪三贵 . 扶贫投资效率的提高需要制度创新 [J]. 农业经济问题，1997.

[78] 朱凤岐 . 中国反贫困的途径 [J]. 中国贫困地区 ,1997.

[79] 曹洪民 . 反贫困的战略选择——以甘肃贫困地区为例 [J]. 经济研究参考，1997.

[80] 中国改革发展研究院“反贫困研究”课题组 . 中国反贫困治理结构 [M]. 北京 : 中国经济出版社，1998.

[81] 国家统计局农调队 . 中国农村贫困监测报告 [M]. 北京: 中国统计出版社，2000.

[82] 李德水 . 对西北地区生态建设的再认识 [J]. 甘肃政报，2002.

[83] 胡鞍钢 . 民族地区全面建设小康社会的几点思考 [J]. 民族研究，2003.

[84] 林毅夫 . 关于我国扶贫政策的几点建议 [J]. 发展，2005.

[85] 曲玮，等 . 贫困与地理环境关系的相关研究述评 [J]. 甘肃社会科学，2010.

[86] 杨士兵 . 西部地区贫困因素与反贫困战略研究 [D]. 中南民族大学，2011.

[87] 沈尤 . 让生态旅游助力连片扶贫开发 [N]. 中国绿色时报，2012-10-17.

[88] 孙燕一，等 . 政府主导型生态移民的实效、问题与对策 [J]. 西部论坛，2013.

[89]Sen Amartya K．A Sociological Approach to the Measurement of Poverty: A Reply to Professor Peter Townsend［J］．Oxford Economic Papers，1985，37（4）: 669 － 676.

[90]UNEP（United Nations Environment Programme）. "Green Economy: Developing Countries Success Stories", 2010. Nairobi, p. 5.

[91]UNDP（United Nations Development Programme）, "Sustainability and Equity: A Better Future for All", Human Development Report 2011. 2 Nov. 2011, New York, p. 20.

[92]The Danish 92 Group. "Building an Equitable Green Economy", report for The Danish 92 Group Forum for Sustainable Development.[2013-07-15]. http://www.92grp.dk/cms/images/Fokus%20og%20Nyheder/Greeneconomy.pdf.

[93] Saleemul Huq. "Climate and Energy", in Adil Najam and Henrik Selin （eds）, Beyond Rio+20: Governance for a Green Economy, Massachusetts: Boston University The Frederick S. Pardee Center for the Study of the Longer-Range Future, Mar. 2011, p. 66.

[94]Barrett,S. "Rethinking Global Climate Change Governance", Economics3(5). [2013-07-15].
http://www.economics-ejournal.org/economics/journalarticles/2009-5.

[95]OECD（Organization for Economic Co-operation and Development）, "Interim Report of the Green Growth Strategy: Implementing our commitment for a sustainable future", report for Meeting of the OECD Council at Ministerial Level, 27-28 May. 2010, Paris.

[96]UNEP（United Nations Environment Programme） ,et al. "Green Jobs: Towards Decent Work in a Sustainable, Low-Carbon World", Sep. 2008, Nairobi, p. 4.

[97]UNEP（United Nations Environment Programme）. "Global Green New Deal: a policy brief", Mar . 2008, Nairobi.

[98]The World Bank. "Inclusive Green Growth: The Pathway to Sustainable Development", 2012, Washington DC.

致谢

感谢国家发展和改革委员会应对气候变化司对课题的指导和支持；特别感谢美国环保协会为该研究提供资金支持和协调工作。本课题选题是由田成川博士、张建宇博士和任铁民副主任共同确定和统筹协调，并贡献了主要研究思路和研究提纲，对他们在研究过程中给予的指导和支持表示衷心的感谢；感谢各执笔人在课题研究和报告撰写过程中所付出的艰辛劳动；感谢林而达先生在课题启动、研究过程以及课题成果形成过程中给予的指导和建议；感谢赵新峰、王景福、侯朝和、刘冬梅、黄莺、张春敏、谭诗斌、彭近新、王小林、张琦、武晓华、柴麒敏、吴鹏、王江昊、聂风英、张学彪、宗成峰、白晓燕等众多专家在课题研究、报告编写和修改过程中提出的宝贵意见和建议；最后对所有参与本课题工作的同事和朋友一并致以衷心的感谢！